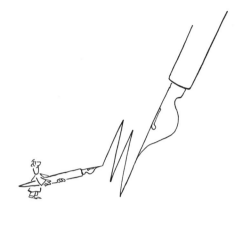

IVAN STEIGER
sieht die **BIBEL**

Deutsche
Bibelgesellschaft

Verlag Katholisches
Bibelwerk

VORWORT

ZEIGEN, WAS HINTER
DER GESCHICHTE STECKT

Bemerkungen über
Ivan Steigers Bilder
zur Bibel

Nehmen wir eine beliebige biblische Geschichte, sagen wir: die vom Tanz um das goldene Kalb (Exodus 32,1–4): da wird erzählt, wie das Volk Gottes, kaum ist Mose auf den Berg gestiegen, um die Gebote zu empfangen, sich seinen eigenen, sichtbaren, näheren Gott macht – ein Symbol der Fruchtbarkeit, ein Götzenbild, wie andere Völker es haben. Um dieses Bild tanzen die Leute nun in heiliger-unheiliger Begeisterung... Es gibt genügend Bilder aus allen Epochen christlicher Kunst, die darstellen, was man in dieser Geschichte sieht: die Wüstenebene vor dem Berg Gottes mit dem Lager und den Zelten, die Menge der Tanzenden, in der Mitte das goldene Bild auf einem hohen Sockel, und in der Ferne vielleicht noch der Prophet, der mit Zorn und Entsetzen entdeckt, was aus seinem Volk geworden ist.

Was zeichnet Ivan Steiger? Ein kleines Männchen mit einem Fernsehgerät als Kopf, das vor einem riesigen Fernsehturm kniet. Das, meint der Zeichner, macht uns Menschen von heute anschaulich, worauf die Botschaft dieses biblischen Berichts uns aufmerksam machen will: der Mensch liefert das eigene Denken einer Instanz aus, die ihn dann bestimmt; er ist im Begriff, zum seelenlosen Opfer eines Abgotts zu werden, den er sich selbst geschaffen hat.

Seit Ivan Steiger vor sieben Jahren den Auftrag erhielt, für jeden Monat ein Bild zu einem Bibelwort zu zeichnen, hat das Buch, das er dabei aufschlug, ihn nicht mehr losgelassen. So sind über die Jahre um siebenhundert Zeichnungen entstanden, von denen ein Teil in diesem Buch vorliegt. Alle Bilder zeigen die Spannung, ja den Gegensatz zwischen dem, was Gott will und ermöglicht, und dem, was der Mensch aus seinem Leben macht: die Diskrepanz zwischen Gottes Gnade und unserem Verhalten. »Mein Arbeitstitel für dieses Buch«, sagt der Zeichner, »könnte lauten: ›Auf Gottes Wegen und unseren Abwegen‹.«

<u>Metamorphosen der Feder</u>

Um zu zeigen, was er sieht, verwendet Ivan Steiger eine ganz bestimmte Zeichen-Sprache. Er arbeitet mit Symbolen, semiotischen Verdichtungen, Piktogrammen, wie immer man es nennen will.

Ein Beispiel für viele: die Feder. Für einen Mann, der nicht mit einem Filzstift oder einem spitzen Pinsel, sondern mit einer altertümlichen Stahlfeder arbeitet – sie ist ihm so wichtig, daß er sogar einem seiner Bücher als Titel die Fabriknummer dieser Feder gegeben hat: 09360 EF – ist dieses Werkzeug zum Symbol für seine eigene Kreativität geworden. Darum kann er den Kreator, den Schöpfer, von dem wir Geschöpfe uns kein Bild machen sollen, mit dieser Feder symbolisieren. Er zitiert keinen geringeren als Michelangelo: dessen berühmte Erschaffung des Adam in der Sixtinischen Kapelle wird das Muster für die schöpferische Begegnung zwischen Gott und Mensch, verdichtet in der Berührung der Feder, die sich selbst zeichnet...

VORWORT

Auf dem Weg durch die Bibel macht dieses Zeichen viele Wandlungen durch. Im Garten Eden ist die Feder ein Baum; in der Sintflut-Geschichte wird sie zur Arche; als das Volk Israel auf dem Weg aus Ägypten in das gelobte Land das Schilfmeer überqueren muß, trägt die Feder sie wie ein Boot hinüber. Die Feder kann zum Speer, zur Krone, zum Pflug werden, zum Wurfgeschoß auf einer Schleuder, zum Keil, der als göttliches Strafgericht einschlägt, zum Vorzeichner eines gnädigen Weges für Rut und Noomi, und zum Hebel, der die Welt aus den Angeln hebt...

In den Bildern zur Schöpfungsgeschichte ist die Rolle der Feder bei der Umsetzung von Gedanken in Bilder fest angelegt. Wer von da aus weiterblättert und mitdenkt, wird verstehen, was alle späteren Metamorphosen dieses Bildes sagen wollen.

Andere graphische Kürzel machen ähnliche Wandlungen durch. Einige davon seien hier genannt. Der Fingerabdruck steht für das, was sein Name sagt: alles, was der Mensch berührt, trägt hinterher seine Spuren – Druck, Beschmutzung, Sünde, Last. Und wie auch bei anderen Symbolen spielt der Zeichner mit diesem Bild: Im Brief des Apostels Paulus an die Römer, wo von der Vergebung und Befreiung von Schuld die Rede ist, bindet der Mensch kurzerhand eine Schnur an den schwarzen Abdruck, der auf ihm lastet, und der wird, o Wunder, leicht wie ein Luftballon und fliegt davon...

Und dann das Fernsehen: Zeichen für den Menschen in seiner Entfremdung, abgelenkt, in seinen Auswegslosigkeiten ohne ernsthafte Folgen diskutiert, in seiner Einsamkeit bis zum Überdruß unterhalten. Da ist der Mensch nicht bei sich, er klebt am Bildschirm, wird von außen gesteuert und versklavt, falsche Propheten drängen ihm Scheinwerte auf. Der Mensch pflanzt Fernsehtürme um sich herum auf, Götzenbilder unseres Zeitalters. Die Hörigkeit der Menschen am Ende unseres Jahrhunderts drückt sich aus in dieser Gleichsetzung von selbstgeschaffenem Instrument und Abgott.

Panzer stehen für alle Arten menschlicher Gewalt; es regnet Paragraphen; in dunklen Höhlen wird Licht gebraucht; monoton gerasterte Hochhäuser signalisieren, wie unmenschlich genormt unsere Welt ist.

Aber vergessen wir nicht, in dieser kleinen Aufzählung auch die großen Zeichen der Hoffnung zu nennen, die sich durch die ganze biblische Geschichte ziehen. Da ist jener Baumstumpf mit dem frischen Trieb – auch ein politisches Bekenntnis aus jener Zeit, da – für die Tschechoslowakei damals noch zu früh – eine kleine Hoffnung auf einen neuen Anfang sich regte. Ivan Steiger zitiert in seinen Bildern zur Bibel nicht nur Michelangelo, sondern auch da und dort sich selbst.

Und immer wieder das Herz, Zeichen für alles, was zum Menschen gehört, für Gut und Böse, Gemeinschaft und Alleinsein, Geborgenheit und Verletzlichkeit, mit einem Wort: für das Leben.

VORWORT

Überzeugungen eines Zeichners

Wie kommt ein politischer Karikaturist, der über Jahre hinweg täglich einer großen Tageszeitung eine Zeichnung liefert, dazu, sich so intensiv mit der Bibel zu befassen?

Auf seinem Arbeitstisch in München-Schwabing, wo er mit seiner Familie lebt, liegt eine tschechische Bibel. Seine Heimat, seine Herkunft spiegeln sich darin, und auch der Riß wird deutlich, der seine Lebensgeschichte bestimmt. Anfang 1939 wurde Ivan Steiger in Prag geboren, »in der Kapelle St. Apollinaris mit Moldauwasser getauft«. Aufgewachsen ist er in einer gut katholischen Familie, die nach der Revolution aus ihrem Bürgertum gerissen und neu in einen Arbeiter- und Bauernstaat eingeordnet wurde. Die Schule, die ihn geprägt hat, ist die Filmakademie in Prag. Dort hat er das Handwerk des Regisseurs von Grund auf gelernt. Er schrieb Drehbücher und Erzählungen. Als die Truppen des Warschauer Paktes im Sommer 1968 in die Tschechoslowakei einmarschierten, um den Prager Frühling zu beenden, reiste er für unbestimmte Zeit in die Bundesrepublik. Er beschloß, nicht zurückzukehren, und zahlte einen hohen Preis für die Freiheit: er verlor seine eigene Sprache. Verurteilte ihn das zur Ausdruckslosigkeit? Nein, er machte eine ebenso wertvolle Entdeckung: was er nicht mehr mit Worten sagen konnte, das ließ sich zeichnen. »Den Sinn meines Lebens habe ich in dem Augenblick gefunden, als ich die Fähigkeit verlor, ihn durch Worte auszudrücken«. Er, der »nie zeichnen gelernt hatte«, bemühte sich nicht um eine naturalistische Wiedergabe dessen, was er sah. Vielmehr zeichnete er, was er dachte. Oft sah das eher wie ein unbeholfenes Gekritzel aus, dessen Charme und intellektueller Reiz von dem versteckten Witz, von der unerwarteten Sehweise kamen. Die Originalität der Beobachtung, die verschmitzte Indirektheit der Aussage hatten von Anfang an eine magnetische Kraft auf viele Betrachter dieser simpel erscheinenden Bilder. Ivan Steigers Handschrift wurde bald zu seinem Markenzeichen. Seine Bilder waren auch außerhalb des deutschen Sprachbereichs ohne weiteres »lesbar«. The Times, Le Figaro boten sie ihren Lesern in England und Frankreich an, amerikanische Zeitungen übernahmen sie, auf Ausstellungen in vielen Ländern fanden sie Freunde.

Alle Räume, die Ivan Steiger sich inzwischen zum Leben eingerichtet hat, erzählen, was für ein Mensch er ist. Seine Münchener Wohnung und ein Bauernhaus bei Wasserburg am Inn sind auch von altem Spielzeug bewohnt, Puppen, Eisenbahnen und beweglichem Blechspielzeug, denn er hat seiner Sammelleidenschaft auf diesem Gebiet nachgegeben. Was er gesammelt hat, füllt Spielzeugmuseen in München und Passau und wäre genug für ein weiteres Museum.

Das oberste Geschoß des Hauses in München ist ein großes Studio: Trickkameras und Schneidetische stehen dort, Filme und Bücher sind hier entstanden, auch Erzählungen und Kinderbücher. In den letzten sieben Jahren jedoch erschien kein einziges Buch mit Zeichnungen mehr, so sehr stand die Arbeit an den Bildern zur Bibel für Ivan Steiger im Vordergrund.

VORWORT

Was will er mit diesen Bildern?

»Viele Menschen sind der Bibel gegenüber taub und blind. Sie meinen, sie wüßten, worum es geht. Wenn man ihnen jedoch die Geschichten der Bibel aus einer neuen Perspektive zeigt, wenn man die Gute Nachricht nur eine Spur weiterschiebt, bis man sie aus einem anderen Winkel sieht, dann kommen die Menschen vielleicht zu der wichtigsten Einsicht ihres Lebens.«

Das wäre also eine evangelistische Absicht?

»Selbstverständlich: die Bibel ist seit alters bis heute für die Menschheit mehr als nur eine Anleitung zum Leben. Aber die meisten von uns haben es immer noch nicht gelernt, sie zu lesen und zu verstehen. Sie versuchen auf verschiedene Weise, von sich aus Gott zu erreichen. Die Bibel aber sagt: ›Gott kommt zu uns‹. Wer von uns hat das schon verstanden?

Mit meinen Zeichnungen will ich Interesse für die Bibel erwecken. Dabei denke ich vor allem an junge Leute, bei denen die Hilflosigkeit in Glaubensfragen immer offensichtlicher wird. Allerdings geht es mir nicht um eine kritische Haltung zur Bibel, sondern um eine Kritik an unserer Gesellschaft, die mehr auf die sogenannte ›menschliche Vernunft‹ als auf den Glauben an Gott baut.

Die Arbeit an diesem Buch ist für mich die bisher wichtigste Tat meines Lebens.«

Das ist alles andere als ein bescheidenes Programm. Von der Kritik an unserer Gesellschaft – einschließlich unseres »gesunden Menschenverstandes« – durch das Dickicht von Mißverständnissen und Hilflosigkeiten, das sich vor den Glauben an Gott gelegt hat: keinesfalls nur eine Gelegenheit zum unverbindlichen Schmunzeln, sondern eine Einladung des Zeichners, ihm auf einem nicht unbeschwerlichen Weg zu folgen.

Das Abenteuer einer ungewöhnlichen Optik kann zum noch größeren Abenteuer einer ungewöhnlichen Einsicht führen.

Pfarrer Dr. Ulrich Fick
1973-1988 Generalsekretär des Weltbundes der Bibelgesellschaften

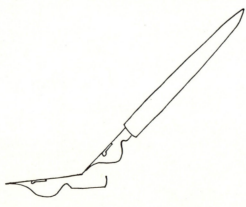

DAS ALTE TESTAMENT

1. MOSE/GENESIS 1,1–2

Die Schöpfung

Am Anfang schuf Gott Himmel und Erde.
  Und die Erde war wüst und leer, und es war finster auf der Tiefe; und der Geist Gottes schwebte auf dem Wasser.

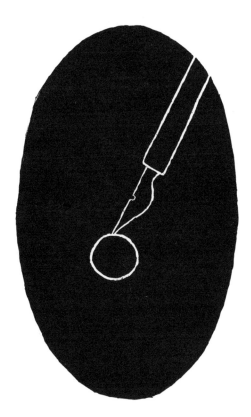

1. MOSE/GENESIS 1,3–5

Und Gott sprach: Es werde Licht!
Und es ward Licht.
    Und Gott sah, daß das Licht gut war.
    Da schied Gott das Licht von der
    Finsternis
und nannte das Licht Tag und die Finsternis
Nacht. Da ward aus Abend und Morgen
der erste Tag.

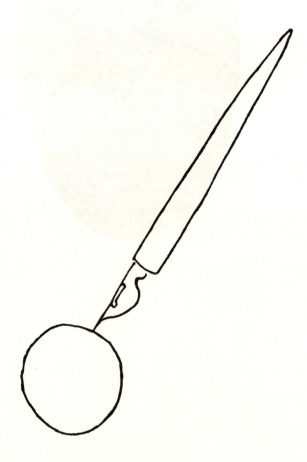

1. MOSE/GENESIS 1,6–10

Und Gott sprach: Es werde eine Feste
zwischen den Wassern, die da scheide
zwischen den Wassern.
> Da machte Gott die Feste und schied
> das Wasser unter der Feste von dem
> Wasser über der Feste. Und es
> geschah so.

Und Gott nannte die Feste Himmel.
Da ward aus Abend und Morgen der
zweite Tag.
> Und Gott sprach: Es sammle sich das
> Wasser unter dem Himmel an beson-
> dere Orte, daß man das Trockene
> sehe. Und es geschah so.

Und Gott nannte das Trockene Erde,
und die Sammlung der Wasser nannte
er Meer. Und Gott sah, daß es gut war.

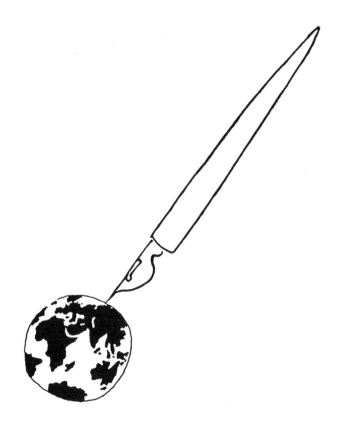

1. MOSE/GENESIS 1,26–28

Gottes Ebenbild

Und Gott sprach: Lasset uns Menschen machen, ein Bild, das uns gleich sei, die da herrschen über die Fische im Meer und über die Vögel unter dem Himmel und über das Vieh und über alle Tiere des Feldes und über alles Gewürm, das auf Erden kriecht. Und Gott schuf den Menschen zu seinem Bilde, zum Bilde Gottes schuf er ihn; und schuf sie als Mann und Weib. Und Gott segnete sie und sprach zu ihnen: Seid fruchtbar und mehret euch und füllet die Erde und machet sie euch untertan.

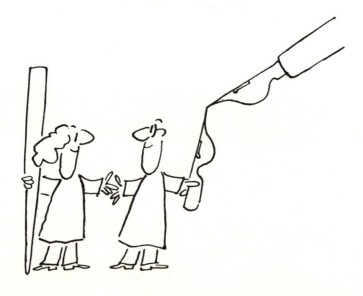

1. MOSE/GENESIS 2,8–9

Der Baum
der Erkenntnis

Und Gott der Herr pflanzte einen
Garten in Eden gegen Osten hin
und setzte den Menschen hinein,
den er gemacht hatte.
    Und Gott der Herr ließ aufwachsen
aus der Erde allerlei Bäume, verlok-
kend anzusehen und gut zu essen,
und den Baum des Lebens mitten im
Garten und den Baum der Erkenntnis
des Guten und Bösen.

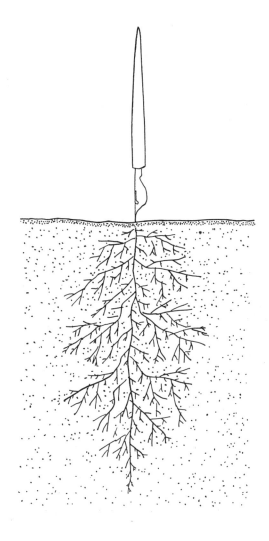

1. MOSE/GENESIS 2,15–17

Und Gott der Herr nahm den Menschen und setzte ihn in den Garten Eden, daß er ihn bebaute und bewahrte.
   Und Gott der Herr gebot dem Menschen und sprach: Du darfst essen von allen Bäumen im Garten, aber von dem Baum der Erkenntnis des Guten und Bösen sollst du nicht essen; denn an dem Tage, da du von ihm issest, mußt du des Todes sterben.

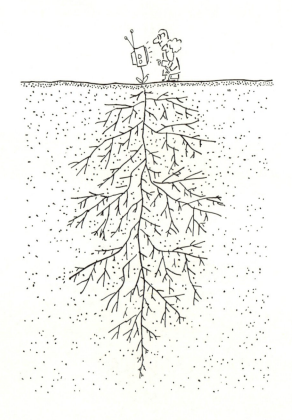

1. MOSE/GENESIS 3,1–6

Erste Zweifel

Aber die Schlange war listiger als alle
Tiere auf dem Felde, die Gott der Herr
gemacht hatte, und sprach zu dem
Weibe: Ja, sollte Gott gesagt haben:
ihr sollt nicht essen von allen Bäumen
im Garten?
    Da sprach das Weib zu der Schlange:
Wir essen von den Früchten der
Bäume im Garten;
aber von den Früchten des Baumes
mitten im Garten hat Gott gesagt:
Esset nicht davon, rühret sie auch
nicht an, daß ihr nicht sterbet!
    Da sprach die Schlange zum Weibe:
Ihr werdet keineswegs des Todes
sterben,
sondern Gott weiß: an dem Tage, da
ihr davon esset, werden eure Augen
aufgetan, und ihr werdet sein wie
Gott und wissen, was gut und böse ist.
    Und das Weib sah, daß von dem
Baum gut zu essen wäre und daß
er eine Lust für die Augen wäre
und verlockend, weil er klug machte.
Und sie nahm von der Frucht und aß
und gab ihrem Mann, der bei ihr war,
auch davon, und er aß.

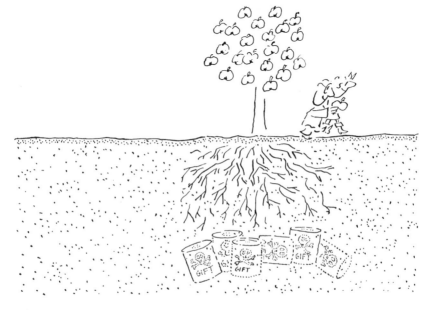

1. MOSE/GENESIS 3,22-23

Die Vertreibung aus dem Paradies

Und Gott der Herr sprach: Siehe, der Mensch ist geworden wie unsereiner und weiß, was gut und böse ist. Nun aber, daß er nur nicht ausstrecke seine Hand und breche auch von dem Baum des Lebens und esse und lebe ewiglich!

Da wies ihn Gott der Herr aus dem Garten Eden, daß er die Erde bebaute, von der er genommen war.

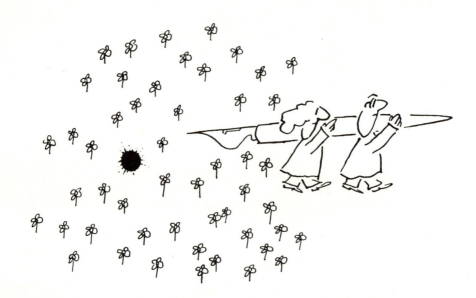

1. MOSE/GENESIS 6,5–7; 7,1.17–18

Die Sintflut

Als der Herr sah, daß der Menschen
Bosheit groß war auf Erden und alles
Dichten und Trachten ihres Herzens
nur böse war immerdar,
    da reute es ihn, daß er die Menschen
    gemacht hatte auf Erden, und es
    bekümmerte ihn in seinem Herzen,
und er sprach: Ich will die Menschen,
die ich geschaffen habe, vertilgen von
der Erde, vom Menschen an bis hin
zum Vieh und bis zum Gewürm und
bis zu den Vögeln unter dem Himmel;
denn es reut mich, daß ich sie
gemacht habe.
    Und der Herr sprach zu Noah:
    Geh in die Arche, du und dein ganzes
    Haus; denn dich habe ich gerecht
    erfunden vor mir zu dieser Zeit.
Und die Sintflut war vierzig Tage auf
Erden, und die Wasser wuchsen und
hoben die Arche auf und trugen sie
empor über die Erde.
    Und die Wasser nahmen überhand
    und wuchsen sehr auf Erden, und
    die Arche fuhr auf den Wassern.

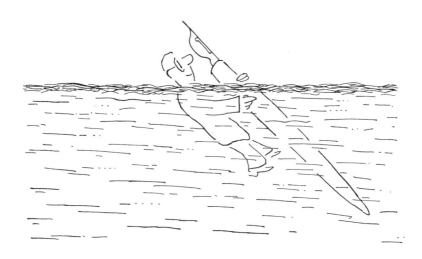

1. MOSE/GENESIS 8,15–22

Ein neuer Anfang

Da redete Gott mit Noah und sprach:
Geh aus der Arche, du und deine Frau,
deine Söhne und die Frauen deiner
Söhne mit dir.
Alles Getier, das bei dir ist, von allem
Fleisch, an Vögeln, an Vieh und allem
Gewürm, das auf Erden kriecht, das
gehe heraus mit dir, daß sie sich
regen auf Erden und fruchtbar seien
und sich mehren auf Erden.
So ging Noah heraus mit seinen Söhnen
und mit seiner Frau und den Frauen
seiner Söhne,
dazu alle wilden Tiere, alles Vieh, alle
Vögel und alles Gewürm, das auf
Erden kriecht; das ging aus der Arche,
ein jedes mit seinesgleichen.
Noah aber baute dem Herrn einen
Altar und nahm von allem reinen Vieh
und von allen reinen Vögeln und opferte
Brandopfer auf dem Altar.
Und der Herr roch den lieblichen
Geruch und sprach in seinem Herzen:
Ich will hinfort nicht mehr die Erde
verfluchen um der Menschen willen;
denn das Dichten und Trachten des
menschlichen Herzens ist böse von
Jugend auf. Und ich will hinfort nicht
mehr schlagen alles, was da lebt,
wie ich getan habe.
<u>Solange die Erde steht, soll nicht aufhören Saat und Ernte, Frost und Hitze, Sommer und Winter, Tag und Nacht.</u>

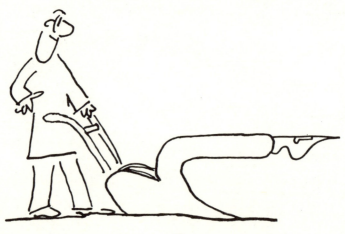

Dem Himmel näher

Alle Menschen hatten die gleiche Sprache und gebrauchten die gleichen Worte.
Als sie von Osten aufbrachen, fanden sie eine Ebene im Land Schinar und siedelten sich dort an.
Sie sagten zueinander: Auf, formen wir Lehmziegel, und brennen wir sie zu Backsteinen. So dienten ihnen gebrannte Ziegel als Steine und Erdpech als Mörtel.
Dann sagten sie: Auf, bauen wir uns eine Stadt und einen Turm mit einer Spitze bis zum Himmel, und machen wir uns damit einen Namen, dann werden wir uns nicht über die ganze Erde zerstreuen.

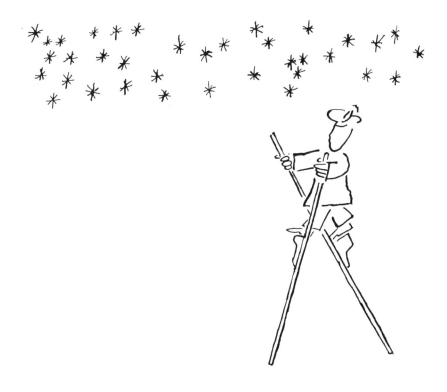

1. MOSE/GENESIS 11,5-6

Der Turm zu Babel

Da stieg der Herr herab, um sich Stadt und Turm anzusehen, die die Menschenkinder bauten.

Er sprach: Seht nur, ein Volk sind sie, und eine Sprache haben sie alle. Und das ist erst der Anfang ihres Tuns. Jetzt wird ihnen nichts mehr unerreichbar sein, was sie sich auch vornehmen.

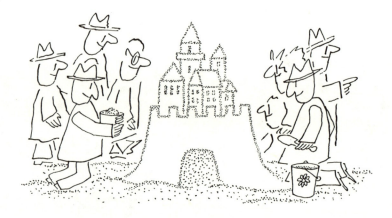

1. MOSE/GENESIS 11,7–9

Verschiedene Verbindungen

Der Herr sprach: Auf, steigen wir hinab, und verwirren wir dort ihre Sprache, so daß keiner mehr die Sprache des anderen versteht.
Der Herr zerstreute sie von dort aus über die ganze Erde, und sie hörten auf, an der Stadt zu bauen.
Darum nannte man die Stadt Babel (Wirrsal), denn dort hat der Herr die Sprache aller Welt verwirrt, und von dort aus hat er die Menschen über die ganze Erde zerstreut.

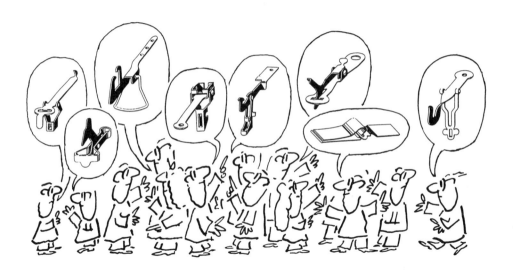

2. MOSE/EXODUS 3,7.10–12

Im Auftrag

Der Herr sagte: Ich habe gesehen, wie mein Volk in Ägypten mißhandelt wird. Ich habe gehört, wie es um Hilfe schreit gegen seine Unterdrücker. Ich weiß, was es auszustehen hat.

Deshalb schicke ich dich zum Pharao. Du sollst mein Volk, die Israeliten, aus Ägypten herausführen.

Aber Mose wandte ein: Ich? Wer bin ich denn! Wie kann ich zum Pharao gehen und die Israeliten aus Ägypten führen?

Gott antwortete: <u>Ich werde dir beistehen. Daran wirst du erkennen, daß ich dich gesandt habe.</u> Du wirst das Volk aus Ägypten herausführen, und ihr werdet mir an diesem Berg Opfer darbringen und mich anbeten.

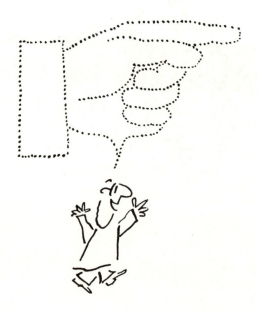

2. MOSE/EXODUS 14,21–22

Das Rettungsboot

Mose streckte seine Hand über das Meer aus, und der Herr ließ die ganze Nacht über einen starken Ostwind wehen, der das Wasser zurücktrieb. So verwandelte sich das Meer in trockenes Land. Das Wasser teilte sich,
es stand auf beiden Seiten wie eine Mauer, und die Israeliten gingen trockenen Fußes mitten durchs Meer.

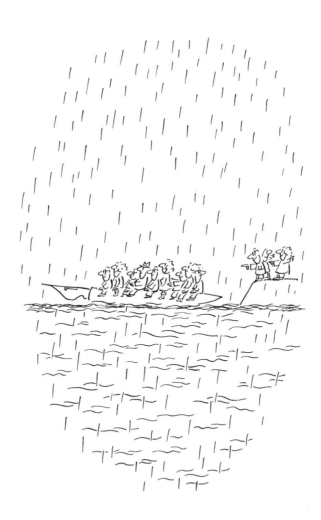

2. MOSE/EXODUS 24,12

Die Gesetzestafeln

Der Herr sagte zu Mose: <u>Steig zu mir auf den Berg herauf und bleib eine Zeitlang hier!</u> Ich werde dir die Steintafeln geben, auf die ich meine Gebote geschrieben habe. Die Israeliten sollen genau wissen, was ich von ihnen verlange.

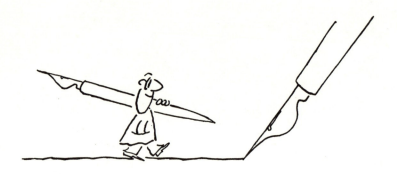

2. MOSE/EXODUS 32,1-4

Der selbstgemachte Gott

Die Israeliten unten im Lager hatten lange auf Moses Rückkehr gewartet. Als er immer noch nicht kam, liefen sie alle bei Aaron zusammen und forderten: Mach uns einen Gott, der uns schützt und führt! Niemand weiß, was aus diesem Mose geworden ist, der uns aus Ägypten hierhergebracht hat.

Aaron sagte zu ihnen: Nehmt euren Frauen, Söhnen und Töchtern die goldenen Ringe ab, die sie an den Ohren tragen, und bringt sie her!
Alle nahmen ihre goldenen Ohrringe ab und brachten sie zu Aaron.

Er schmolz sie ein, goß das Gold in eine Form und machte daraus ein Stierbild. Da riefen alle: Hier ist dein Gott, Israel, der dich aus Ägypten geführt hat!

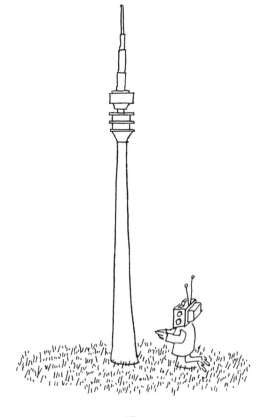

2. MOSE/EXODUS 34,27–32

Zehn Worte – neue Hoffnung

Der Herr sagte zu Mose: Schreib alle diese Anordnungen auf! Auf ihrer Grundlage schließe ich meinen Bund mit dir und den Israeliten.

Vierzig Tage und Nächte blieb Mose auf dem Berg beim Herrn, ohne zu essen und zu trinken. Er schrieb auf die Steintafeln die Grundregeln des Bundes zwischen Gott und seinem Volk, die Zehn Gebote.

Als Mose mit den beiden Tafeln den Berg Sinai hinabstieg, wußte er nicht, daß sein Gesicht einen strahlenden Glanz bekommen hatte, während der Herr mit ihm sprach.

Aaron und alle Israeliten sahen das Leuchten auf Moses Gesicht und fürchteten sich, ihm nahe zu kommen.

Erst als Mose sie zu sich rief, kamen Aaron und die Führer der Gemeinde herbei, und er redete mit ihnen.

Dann kamen auch die anderen Israeliten, und Mose gab ihnen alle Anordnungen weiter, die der Herr ihm auf dem Berg Sinai gegeben hatte.

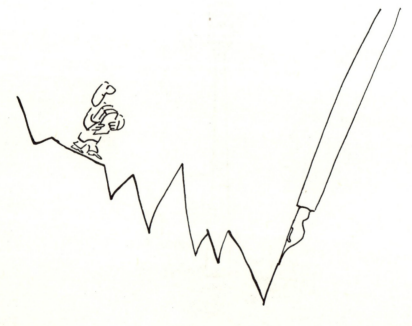

3. MOSE/LEVITIKUS 19,4

Wendet euch nicht anderen Göttern zu und macht euch keine Götterbilder. Ich bin der Herr, euer Gott!

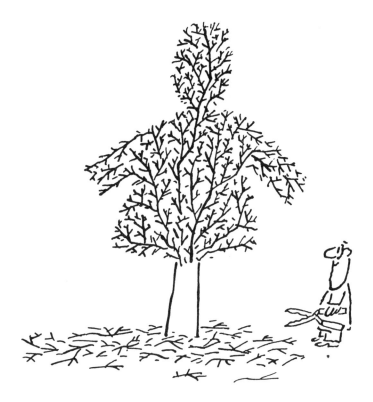

Nur ein Gesetz... Beugt niemals das Recht. Bevorzugt weder den Armen und Schutzlosen noch den Reichen und Mächtigen. Wenn jemand einen Rechtsfall zu entscheiden hat, muß allein die Gerechtigkeit sein Maßstab sein.

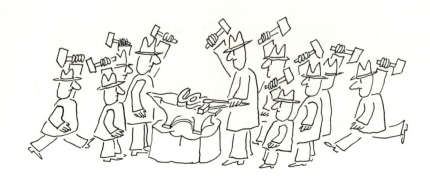

3. MOSE/LEVITIKUS 19,18

...die Liebe

Räche dich nicht an deinem Mitmenschen und trage niemand etwas nach. Liebe deinen Mitmenschen wie dich selbst. Ich bin der Herr!

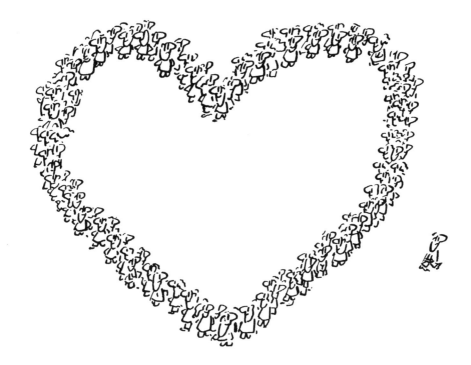

4. MOSE/NUMERI 10,1–10

Lautstarke Zeichen

Der Herr sprach zu Mose:
Mach dir zwei silberne Trompeten! Aus getriebenem Metall sollst du sie machen. Sie sollen dir dazu dienen, die Gemeinde einzuberufen und den einzelnen Lagern das Zeichen zum Aufbruch zu geben.
Wenn man mit den Trompeten bläst, soll sich die ganze Gemeinde am Eingang des Offenbarungszeltes bei dir versammeln.
Wenn man nur einmal bläst, sollen sich die Befehlshaber, die Hauptleute der Tausendschaften Israels, bei dir versammeln.
Wenn ihr aber mit großem Lärm blast, dann sollen die Lager auf der Ostseite aufbrechen.
Wenn ihr zum zweitenmal mit großem Lärm blast, dann sollen die Lager auf der Südseite aufbrechen. Je nachdem, wie sie aufzubrechen haben, soll man mit großem Lärm blasen.
Wenn die Versammlung einberufen werden soll, dann blast, aber nicht mit großem Lärm!
Die Söhne Aarons, die Priester, sollen die Trompeten blasen. Das soll als feste Regel bei euch gelten, von Generation zu Generation.
Wenn ihr in eurem Land in einen Krieg mit einem Gegner verwickelt werdet, der euch bedrängt, dann blast mit euren Trompeten Alarm! So werdet ihr euch beim Herrn, eurem Gott, in Erinnerung bringen und vor euren Feinden gerettet werden.
Auch an euren Freudentagen, an den Festen und Monatsanfängen, blast zu euren Brand- und Heilsopfern mit den Trompeten! Das wird euch bei eurem Gott in Erinnerung bringen. Ich bin der Herr, euer Gott.

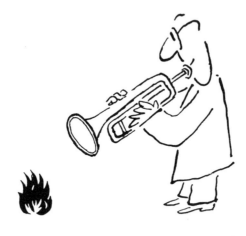

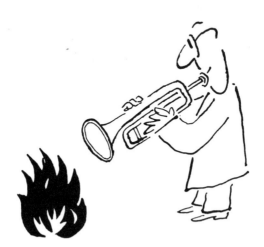

4. MOSE/NUMERI 11,4-6

Große Freiheit

Unter dem bunt zusammengewürfelten Haufen von Fremden, die sich den Israeliten beim Auszug aus Ägypten angeschlossen hatten, brach ein unwiderstehliches Gelüst nach Fleisch aus. Die Israeliten ließen sich davon anstecken und fingen an zu jammern: Wenn uns doch nur jemand Fleisch verschaffen würde!

> Wie schön war es doch in Ägypten! Da konnten wir Fische essen und mußten nicht einmal dafür bezahlen. Wir hatten Gurken und Melonen, Lauch, Zwiebeln und Knoblauch.

Aber hier gibt es tagaus, tagein nichts als Manna. Das bleibt einem ja allmählich im Hals stecken!

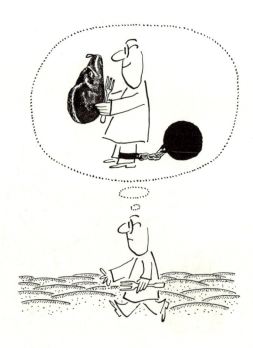

5. MOSE/DEUTERONOMIUM 4,1–2.5–7

K(l)eine Abweichung

Und nun, Israel, höre die Gesetze
und Rechtsvorschriften, die ich euch
zu halten lehre. Hört, und ihr werdet
leben, ihr werdet in das Land, das der
Herr, der Gott eurer Väter, euch gibt,
hineinziehen und es in Besitz nehmen.
> Ihr sollt dem Wortlaut dessen, worauf
> ich euch verpflichte, nichts hinzufü-
> gen und nichts davon wegnehmen;
> ihr sollt auf die Gebote des Herrn,
> eures Gottes, achten, auf die ich euch
> verpflichte.

Hiermit lehre ich euch, wie es mir der
Herr, mein Gott, aufgetragen hat,
Gesetze und Rechtsvorschriften. Ihr
sollt sie innerhalb des Landes halten,
in das ihr hineinzieht, um es in Besitz
zu nehmen.
> Ihr sollt auf sie achten und sollt sie hal-
> ten. Denn darin besteht eure Weisheit
> und eure Bildung in den Augen der
> Völker. Wenn sie dieses Gesetzeswerk
> kennenlernen, müssen sie sagen:
> In der Tat, diese große Nation ist ein
> weises und gebildetes Volk.

Denn welche große Nation hätte Göt-
ter, die ihr so nah sind, wie Jahwe, unser Gott, uns nah ist, wo immer wir
ihn anrufen?

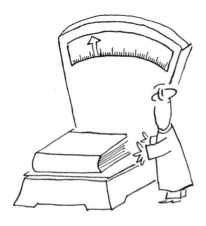
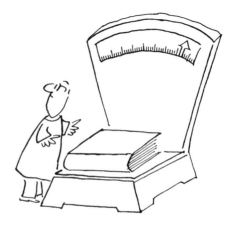

5. MOSE/DEUTERONOMIUM 5,12–15

Geschenkte Freiheit

Beachte den Tag der Ruhe! Halte ihn frei von Arbeit, wie es dir der Herr, dein Gott, befohlen hat.
Sechs Tage in der Woche hast du Zeit, um deine Arbeit zu tun.
Der siebte Tag aber soll ein Ruhetag sein, der dem Herrn, deinem Gott, gehört. An diesem Tag sollst du nicht arbeiten, auch nicht deine Kinder, deine Sklaven, deine Rinder und Esel oder sonst eines deiner Tiere, und auch nicht der Fremde, der bei dir lebt. An diesem Tag sollen deine Sklaven und Sklavinnen genauso ausruhen können wie du.
Denke daran, daß du selbst in Ägypten ein Sklave warst und der Herr, dein Gott, dich mit starker Hand und erhobenem Arm von dort in die Freiheit geführt hat. Deshalb befiehlt er dir, den Tag der Ruhe einzuhalten.

5. MOSE/DEUTERONOMIUM 6,5

Du sollst den Herrn, deinen Gott, liebhaben von ganzem Herzen, von ganzer Seele und mit all deiner Kraft.

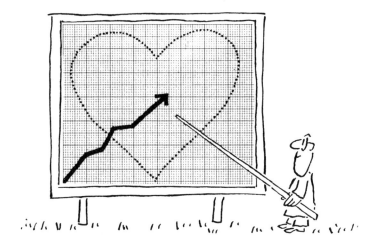

5. MOSE/DEUTERONOMIUM 32,1–4

Zuflucht

Den Himmel rufe ich als Zeugen an,
die Erde höre meine Worte!
    Sie mögen strömen wie ein Regenschauer, der ausgedörrtes Land befeuchtet, und niederträufeln wie der Tau, der ringsum alles junge Grün erquickt!
Preist unsern großen und erhabenen Gott! Ich rufe ihn bei seinem Namen,
    ihn, unsern Fels und starken Schutz!
In allem, was er plant und ausführt,
ist er vollkommen und gerecht.
    An keinem handelt er mit Trug und Tücke, er steht zu seinem Wort, denn er ist treu!

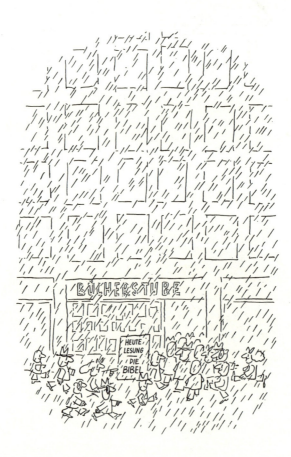

JOSUA 21,43–45

In Gottes
Hand

Der Herr hat Israel das ganze Land
gegeben, das er geschworen hatte,
ihren Vätern zu geben, und sie
nahmen's ein und wohnten darin.
    Und der Herr gab ihnen Ruhe rings-
    umher, ganz wie er ihren Vätern
    geschworen hatte; und keiner ihrer
    Feinde widerstand ihnen, sondern
    alle ihre Feinde gab er in ihre Hände.
Es war nichts dahingefallen von all
dem guten Wort, das der Herr dem
Hause Israel verkündigt hatte. Es war
alles gekommen.

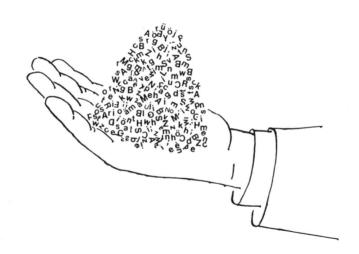

JOSUA 24, 14–18

Aufruf zur Entscheidung

Ehrt und achtet den Herrn, sagte Josua, folgt ihm mit ganzer Treue und Aufrichtigkeit. Trennt euch von den Göttern, die eure Vorfahren jenseits des Eufrats und in Ägypten verehrt haben, und gehorcht dem Herrn!

Wenn ihr dazu nicht bereit seid, dann <u>entscheidet euch heute, wem sonst</u> ihr dienen wollt: den Göttern, die eure Vorfahren verehrt haben, oder den Göttern der Amoriter, in deren Land ihr jetzt lebt. Ich und meine Familie aber sind entschlossen, dem Herrn zu dienen.

Das Volk antwortete: Wie kämen wir dazu, den Herrn zu verlassen und anderen Göttern zu gehorchen?

Der Herr, unser Gott, hat unsere Väter aus der Sklaverei in Ägypten herausgeführt, und wir kennen all die großen Wunder, die er dabei getan hat. Auf dem ganzen Weg hierher, quer durch das Gebiet fremder Völker, hat er uns beschützt.

Vor uns her hat er alle Völker vertrieben, auch die Amoriter, die früher hier wohnten. Darum wollen wir dem Herrn dienen; er allein ist unser Gott!

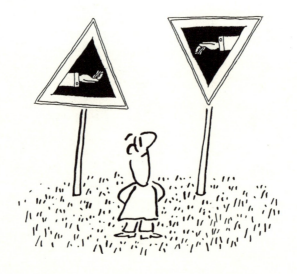

JOSUA 24,19-22

Kein leichter Dienst

Aber Josua sagte zu ihnen: Stellt euch das nicht so leicht vor, dem Herrn zu dienen; denn er ist ein heiliger Gott, der ungeteilten Gehorsam fordert. Er wird es nicht hinnehmen, wenn ihr ihm nicht treu bleibt.

Wenn ihr ihn verlaßt und anderen Göttern folgt, wird er sich gegen euch wenden und euch hart bestrafen. Dann wird er euch vernichten, obwohl er euch bisher soviel Gutes erwiesen hat.

Aber das Volk antwortete: Doch! Wir wollen dem Herrn dienen!

Da sagte Josua: Ihr seid Zeugen gegen euch selbst, daß ihr euch für den Herrn entschieden habt und ihm gehorchen wollt. So ist es! sagten sie.

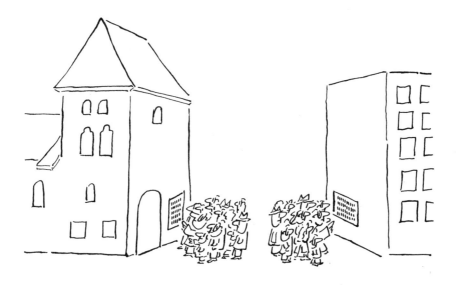

Sicher ist sicher

Der Herr sagte zu Gideon:
Geh und befrei mit der Kraft,
die du hast, Israel aus der Faust
Midians! Ja, ich sende dich.
    Er entgegnete ihm: Ach, mein Herr,
    womit soll ich Israel befreien? Sieh
    doch, meine Sippe ist die schwächste
    in Manasse, und ich bin der Jüngste
    im Haus meines Vaters.
Doch der Herr sagte zu ihm: Weil ich
mit dir bin, wirst du Midian schlagen,
als wäre es nur ein Mann.
    Gideon erwiderte ihm: Wenn ich dein
    Wohlwollen gefunden habe, dann gib
    mir ein Zeichen dafür, daß du selbst
    es bist, der mit mir redet.

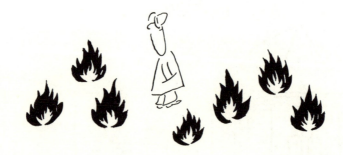

Gideon ging ins Haus hinein und bereitete ein Ziegenböckchen zu sowie ungesäuerte Brote von einem Efa Mehl. Er legte das Fleisch in einen Korb, tat die Brühe in einen Topf, brachte beides zu ihm hinaus unter die Eiche und setzte es ihm vor.
> Da sagte der Engel Gottes zu ihm: Nimm das Fleisch und die Brote, und leg sie hier auf den Felsen, die Brühe aber gieß weg!

Gideon tat es. Der Engel des Herrn streckte den Stab aus, den er in der Hand hatte, und berührte mit seiner Spitze das Fleisch und die Brote. Da stieg Feuer von dem Felsblock auf und verzehrte das Fleisch und die Brote. Der Engel des Herrn aber war Gideons Augen entschwunden.

Treueversprechen

Rut sagte zu ihrer Schwiegermutter Noomi: Dränge mich nicht, dich auch zu verlassen. Ich will bei dir bleiben. <u>Wohin du gehst, dorthin gehe ich auch; wo du bleibst, da bleibe auch ich.</u> Dein Volk ist mein Volk, und dein Gott ist der meine.

Wo du stirbst, will auch ich sterben und begraben werden. Wenn etwas anderes als der Tod mich von dir trennt, soll der Zorn des Herrn mich treffen!

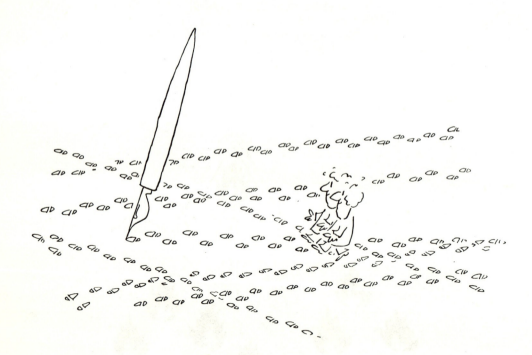

1. SAMUEL 2,25

Ermahnung

Wenn ein Mensch gegen einen Menschen sündigt, kann Gott Schiedsrichter sein. Wenn aber ein Mensch gegen den Herrn sündigt, wer kann dann für ihn eintreten?

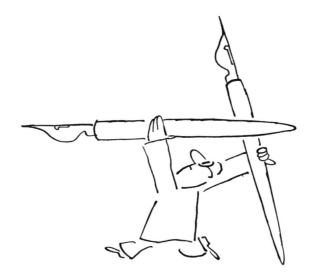

1. SAMUEL 3,1–11

Berufung Samuels

Der junge Samuel half Eli beim Priesterdienst. In jener Zeit kam es nur noch selten vor, daß der Herr zu einem Menschen sprach oder ihm im Traum erschien.
Eli war fast erblindet. Eines Nachts schlief er an seinem gewohnten Platz, und auch Samuel schlief im Heiligtum, ganz in der Nähe der Bundeslade. Die Lampe im Heiligtum brannte noch.
Da rief der Herr: Samuel!
Ja, antwortete der Junge, lief schnell zu Eli und sagte: Hier bin ich, du hast mich gerufen.
Nein, sagte Eli, ich habe nicht gerufen. Geh wieder schlafen! Samuel ging und legte sich wieder hin.
Noch einmal rief der Herr: Samuel!, und wieder stand der Junge auf, ging zu Eli und sagte: Hier bin ich, du hast mich gerufen. Aber Eli wiederholte: Ich habe dich nicht gerufen, geh nur wieder schlafen!
Samuel wußte nicht, daß es der Herr war; denn er hatte seine Stimme noch nie gehört.
Der Herr rief ihn zum dritten Mal, und wieder ging Samuel zu Eli und meldete sich. Da merkte Eli, daß es der Herr war, der den Jungen rief, und er sagte zu ihm: Geh wieder schlafen, und wenn du noch einmal gerufen wirst, dann antworte: »Sprich, Herr, ich höre!«
Samuel ging und legte sich wieder hin.
Da trat der Herr zu ihm und rief wie zuvor: Samuel! Samuel! Der Junge antwortete: Sprich, Herr, ich höre!
Da sagte der Herr: Ich werde in Israel etwas tun; die Ohren werden jedem wehtun, der davon hört.

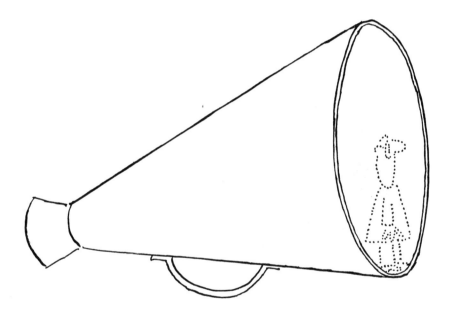

1. SAMUEL 15,22–23

Samuel sagte: Hat der Herr an Brandopfern und Schlachtopfern das gleiche Gefallen wie am Gehorsam gegenüber der Stimme des Herrn? Wahrhaftig, <u>Gehorsam ist besser als Opfer,</u> Hinhören besser als das Fett von Widdern.

Denn Trotz ist ebenso eine Sünde wie die Zauberei, Widerspenstigkeit ist ebenso schlimm wie Frevel und Götzendienst.

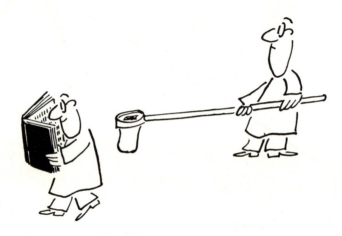

1. SAMUEL 16,7

Gott kennt das Herz

Der Herr sprach zu Samuel: Sieh nicht an sein Aussehen und seinen hohen Wuchs; ich habe ihn verworfen. Denn nicht sieht der Herr auf das, worauf ein Mensch sieht. Ein Mensch sieht, was vor Augen ist; der Herr aber sieht das Herz an.

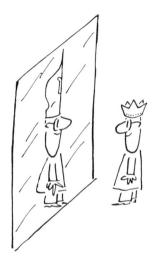
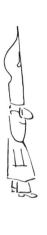
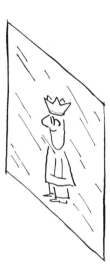

1. SAMUEL 17,45–47

Die Ohnmacht der Mächtigen

David antwortete Goliat: Du trittst gegen mich an mit Schwert, Spieß und Lanze. Ich aber komme mit dem Beistand des allmächtigen Gottes, des Herrn der Heere Israels. Ihn hast du verhöhnt.

Dafür gibt er dich heute in meine Gewalt. Ich werde dich töten und dir den Kopf abschlagen, und die Leichen der anderen Philister werde ich den Geiern und Raubtieren zu fressen geben. Dann wird jedermann erkennen, daß das Volk Israel einen Gott hat, der es beschützt.

Auch die hier versammelten Israeliten sollen sehen, daß der Herr nicht Schwert und Spieß braucht, um sein Volk zu retten.

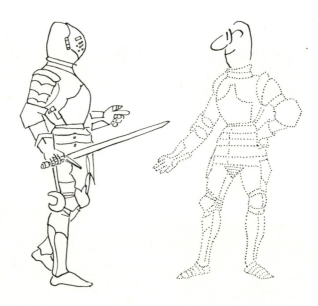

2. SAMUEL 6,16.20–23

Standesdünkel

Als die Lade in die Davidsstadt getragen wurde, stand Davids Frau Michal, die Tochter Sauls, am Fenster. Sie fand es unpassend, daß der König zur Ehre des Herrn im Tanz herumwirbelte, und verachtete ihn.
    Als David nach Hause ging, um seine Familie zu begrüßen, kam Michal ihm entgegen und sagte: Der König von Israel weiß wahrhaftig, was er seiner Stellung schuldig ist! Vor den Frauen seiner Diener hat er sich heute schamlos entblößt, wie es nur das niedrigste Gesindel tut!
Aber David erwiderte: Zur Ehre des Herrn habe ich es getan! Er hat deinem Vater und seiner Familie das Königtum genommen und mich zum Anführer seines Volkes Israel gemacht. Und deshalb will ich auch künftig zu seiner Ehre tanzen und springen
    und mich noch tiefer erniedrigen als diesmal. Ich will mich selbst für gering halten; aber die Frauen, die mich nach deiner Meinung verachten müssen, werden es verstehen und mir Ehre erweisen.
Michal blieb ihr Leben lang kinderlos.

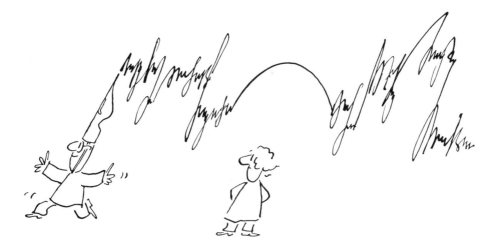

Davids Vermächtnis

Ein König, der sein Volk gerecht
regiert und sich der Weisung Gottes
willig unterstellt,
    ist wie die helle Morgensonne, wenn
    sie vom wolkenleeren Himmel strahlt
    und nach dem Regen frisches Grün
    aufsprießen läßt.

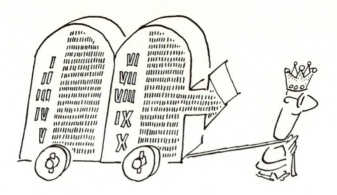

1. KÖNIGE 3,7–12

Wegweiser

Salomo betete: Herr, mein Gott! Du hast mich anstelle meines Vaters David zum König gemacht. Ich bin noch viel zu jung und unerfahren und fühle mich dieser Aufgabe nicht gewachsen.

Und doch hast du mir das Volk anvertraut, das du dir erwählt hast, und ich trage die Verantwortung für so viele Menschen, die niemand zählen kann. Darum schenke mir ein Herz, das auf deine Weisung hört, damit ich dein Volk leiten und gerechtes Urteil sprechen kann. Wie kann ich sonst dieses große Volk regieren?

Der Herr freute sich über diese Bitte. Deshalb sagte er zu Salomo: Du hättest dir langes Leben oder Reichtum oder den Tod deiner Feinde wünschen können. Statt dessen hast du mich um Einsicht gebeten, damit du gerecht regieren kannst.

Darum werde ich deine Bitte erfüllen und dir soviel Weisheit und Verstand schenken, daß kein Mensch vor oder nach dir mit dir verglichen werden kann.

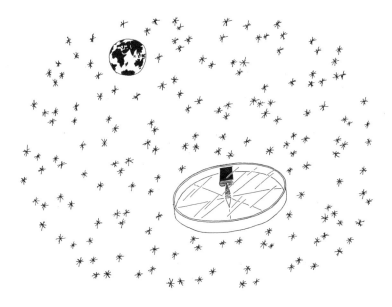

2. KÖNIGE 17,9–12

Die große Verführung

Die Israeliten taten lauter Dinge, die den Herrn, ihren Gott, beleidigten. So bauten sie überall, wo sie wohnten, Opferstätten, beim einsamen Wachtturm genauso wie in der befestigten Stadt.
Auf jeder höheren Erhebung und unter jedem größeren Baum stellten sie geweihte Steinmale und Pfähle auf.
Dort verbrannten sie Opfergaben, genau wie die Völker, die der Herr vor ihnen vertrieben hatte. Mit all ihren bösen Taten zogen sie sich den Zorn des Herrn zu.
Sie verehrten auch Götzenbilder, obwohl der Herr ihnen das ausdrücklich verboten hatte.

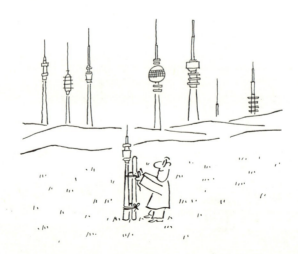

Musik im Heiligtum

David und die Feldhauptleute sonderten aus zum Dienst die Söhne Asafs, Hemans und Jedutuns, prophetische Männer, die auf Harfen, Psaltern und Zimbeln spielen sollten. Und es war die Zahl derer, die Dienst taten in ihrem Amt:

> Von den Söhnen Asafs: Sakkur, Josef, Netanja, Asarela, Söhne Asafs, unter der Leitung Asafs, der als prophetischer Mann nach Anweisung des Königs spielte.

Von Jedutun: Jedutuns Söhne: Gedalja, Zeri, Jesaja, Haschabja, Mattija, Schimi, diese sechs, unter der Leitung ihres Vaters Jedutun, der als prophetischer Mann auf der Harfe spielte, dem Herrn zu danken und ihn zu loben.

> Von Heman: Hemans Söhne: Bukkija, Mattanja, Usiël, Schubaël, Jerimot, Hananja, Hanani, Eliata, Giddalti, Romamti-Eser, Joschbekascha, Malloti, Hotir und Mahasiot.

Diese alle sangen unter der Leitung ihrer Väter Asaf, Jedutun und Heman im Hause des Herrn mit Zimbeln, Psaltern und Harfen für den Dienst im Hause Gottes nach Anweisung des Königs.

> Und es war ihre Zahl mit ihren Brüdern, die im Gesang des Herrn geübt waren, allesamt Meister, zweihundertachtundachtzig.

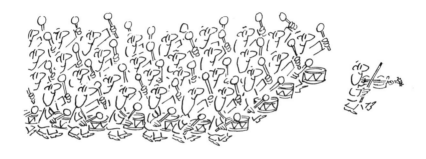

1. CHRONIK 29,10–16

Freigebigkeit

David pries den Herrn vor der ganzen Versammlung und rief: Gepriesen bist du, Herr, Gott unseres Vaters Israel, von Ewigkeit zu Ewigkeit.

Dein, Herr, sind Größe und Kraft, Ruhm und Glanz und Hoheit; dein ist alles im Himmel und auf Erden. Herr, dein ist das Königtum. Du erhebst dich als Haupt über alles.

Reichtum und Ehre kommen von dir; du bist der Herrscher über das All. In deiner Hand liegen Kraft und Stärke; von deiner Hand kommt alle Größe und Macht.

Darum danken wir dir, unser Gott, und rühmen deinen herrlichen Namen.

Doch wer bin ich, und was ist mein Volk, daß wir die Kraft besäßen, diese Gaben zu spenden? <u>Von dir kommt ja alles; und was wir dir gegeben haben, stammt aus deiner Hand.</u>

Denn wir sind nur Gäste bei dir, Fremdlinge, wie alle unsere Väter. Wie ein Schatten sind unsere Tage auf Erden und ohne Hoffnung.

Herr, unser Gott, diese ganze Fülle, die wir bereitgestellt haben, um dir, deinem heiligen Namen, ein Haus zu bauen, kam aus deiner Hand; dir gehört alles.

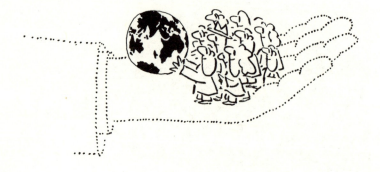

2. CHRONIK 24,17–20

Warnung

Nach dem Tod Jojadas kamen die
führenden Männer Judas zum König
und warfen sich vor ihm nieder.
Dieser hörte damals auf sie,
> so daß sie den Bund des Herrn, des
> Gottes ihrer Väter, verließen und die
> Kultpfähle und Götzenbilder verehrten. Wegen dieser Schuld kam ein
> Zorngericht über Juda und Jerusalem.

Der Herr schickte Propheten zu ihnen,
um sie zur Umkehr zum Herrn zu
bewegen, aber man hörte nicht auf
ihre Warnung.
> Da kam der Geist Gottes über
> Secharja, den Sohn des Priesters
> Jojada. Er trat vor das Volk und hielt
> ihm vor: So spricht Gott: Warum
> übertretet ihr die Gebote des Herrn?
> So könnt ihr kein Glück mehr haben.
> <u>Weil ihr den Herrn verlassen habt,
> wird er euch verlassen.</u>

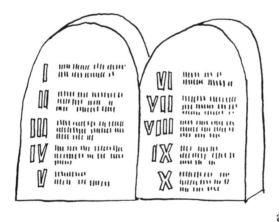

2. CHRONIK 36,16

Verspottung der Propheten

Sie machten sich über die Boten Gottes lustig, schlugen sein Wort in den Wind und verspotteten seine Propheten. Darum wurde der Herr auf sein Volk so zornig, daß es keine Rettung mehr gab.

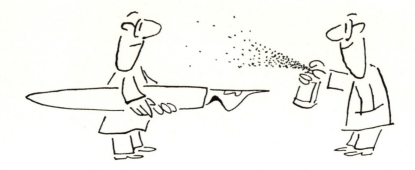

ESRA 8,22

Die Hand unseres Gottes ist zum Besten über allen, die ihn suchen, und seine Stärke und sein Zorn gegen alle, die ihn verlassen.

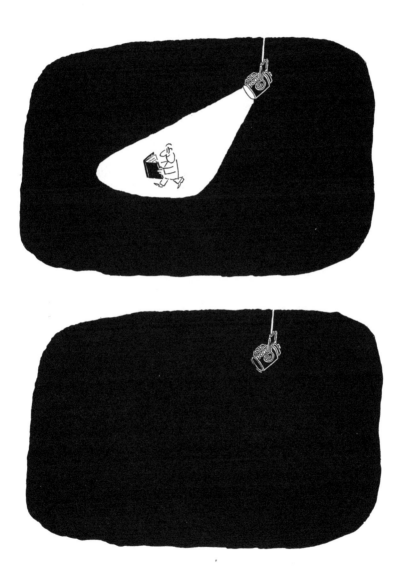

NEHEMIA 8,1–4

Offene Ohren

Als nun der siebente Monat herangekommen war und die Israeliten in ihren Städten waren,
> versammelte sich das ganze Volk wie ein Mann auf dem Platz vor dem Wassertor, und sie sprachen zu Esra, dem Schriftgelehrten, er solle das Buch des Gesetzes des Mose holen, das der Herr Israel geboten hat.

Und Esra, der Priester, brachte das Gesetz vor die Gemeinde, Männer und Frauen und alle, die es verstehen konnten, am ersten Tage des siebenten Monats
> und las daraus auf dem Platz vor dem Wassertor vom lichten Morgen an bis zum Mittag vor Männern und Frauen und wer's verstehen konnte. Und die Ohren des ganzen Volks waren dem Gesetzbuch zugekehrt.

Und Esra, der Schriftgelehrte, stand auf einer hölzernen Kanzel, die sie dafür gemacht hatten, und es standen neben ihm Mattitja, Schema, Anaja, Uria, Hilkija und Maaseja zu seiner Rechten, aber zu seiner Linken Pedaja, Mischaël, Malkija, Haschum, Haschbaddana, Secharja und Meschullam.

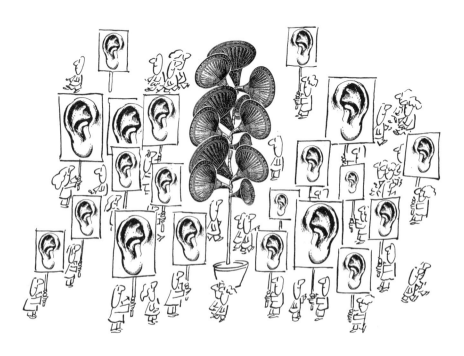

Damals wie heute

Am siebten Tag des Festes rief König Xerxes die sieben Eunuchen, die ihn persönlich bedienten, Mehuman, Biseta, Harbona, Bigta, Abagta, Setar und Karkas. In seiner Weinlaune befahl er ihnen,
die Königin im Schmuck ihrer Krone herzubringen. Alle seine Gäste, die führenden Männer seines Reiches und die Bewohner des Palastbezirks, sollten ihre außerordentliche Schönheit bewundern.
<u>Königin Waschti aber weigerte sich, dem Befehl des Königs zu gehorchen.</u>
Da packte den König der Zorn.
Sofort besprach er sich mit seinen Ratgebern, weisen Männern, die sich auf den Lauf der Gestirne verstanden und über das Recht Bescheid wußten.
Es waren Karschena, Schetar, Admata, Tarschisch, Meres, Marsena und Memuchan. Diese sieben Fürsten der Perser und Meder hatten den höchsten Rang nach dem König. Sie waren seine engsten Vertrauten und durften jederzeit bei ihm vorsprechen.
Er sagte zu ihnen: Ich habe meine Diener mit einem Befehl zur Königin Waschti gesandt, aber sie hat ihn nicht befolgt. Was soll nach dem Gesetz mit ihr geschehen?
Memuchan antwortete: Königin Waschti hat sich nicht nur am König vergangen, sondern auch an seinen Fürsten, ja am ganzen Volk in allen Provinzen des Reiches.
Was sie getan hat, wird sich unter allen Frauen herumsprechen. Sie werden auf ihre Männer herabsehen und sagen: »König Xerxes befahl der Königin Waschti, vor ihm zu erscheinen; aber sie weigerte sich.«
Die Frauen der Fürsten im Reich haben es gehört, und sie werden sich schon heute ihren Männern gegenüber darauf berufen. Das wird eine Menge böses Blut geben.

Wenn der König es für richtig hält, sollte er einen königlichen Befehl erlassen, daß Waschti nie wieder vor ihm erscheinen darf. Dies müßte unter die Gesetze der Meder und Perser aufgenommen werden, die unwiderruflich sind. Und dann sollte der König an ihrer Stelle eine andere zur Königin machen, die diese Würde auch verdient.
<u>Wenn dieser Beschluß des Königs in seinem ganzen Reich bekannt wird, werden alle Frauen, von den vornehmsten bis zu den einfachsten Familien, ihren Männern den schuldigen Respekt erweisen.</u>

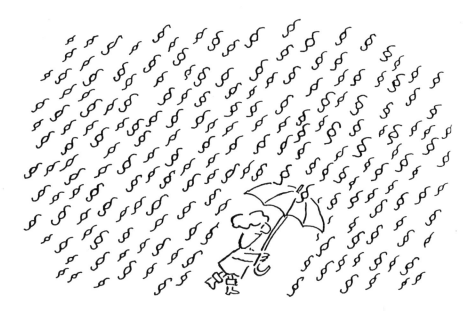

IJOB 1,8–12.14–21

Auf die Probe gestellt

Der Herr sprach zum Satan: Hast du auf meinen Knecht Ijob geachtet? Seinesgleichen gibt es nicht auf der Erde, so untadelig und rechtschaffen, er fürchtet Gott und meidet das Böse.

 Der Satan antwortete dem Herrn und sagte: Geschieht es ohne Grund, daß Ijob Gott fürchtet?

Bist du es nicht, der ihn, sein Haus und all das Seine ringsum beschützt? Das Tun seiner Hände hast du gesegnet; sein Besitz hat sich weit ausgebreitet im Land.

 Aber streck nur deine Hand gegen ihn aus, und rühr an all das, was sein ist; wahrhaftig, er wird dir ins Angesicht fluchen.

Der Herr sprach zum Satan: Gut, all sein Besitz ist in deiner Hand, nur gegen ihn selbst streck deine Hand nicht aus! Darauf ging der Satan weg vom Angesicht des Herrn.

 Eines Tages kam ein Bote zu Ijob und meldete: Die Rinder waren beim Pflügen, und die Esel weideten daneben.

Da fielen Sabäer ein, nahmen sie weg und erschlugen die Knechte mit scharfem Schwert. Ich ganz allein bin entronnen, um es dir zu berichten.

 Noch ist dieser am Reden, da kommt schon ein anderer und sagt: Feuer Gottes fiel vom Himmel, schlug brennend ein in die Schafe und Knechte und verzehrte sie. Ich ganz allein bin entronnen, um es dir zu berichten.

Noch ist dieser am Reden, da kommt schon ein anderer und sagt: Die Chaldäer stellten drei Rotten auf, fielen über die Kamele her, nahmen sie weg und erschlugen die Knechte mit scharfem Schwert. Ich ganz allein bin entronnen, um es dir zu berichten.

 Noch ist dieser am Reden, da kommt schon ein anderer und sagt: Deine Söhne und Töchter aßen und tranken Wein im Haus ihres erstgeborenen Bruders.

Da kam ein gewaltiger Wind über die
Wüste und packte das Haus an allen
vier Ecken; es stürzte über die jungen
Leute, und sie starben. Ich ganz allein
bin entronnen, um es dir zu berichten.
　　　Nun stand Ijob auf, zerriß sein
　　　Gewand, schor sich das Haupt, fiel auf
　　　die Erde und betete an.
Dann sagte er:
Nackt kam ich hervor aus dem Schoß
meiner Mutter; nackt kehre ich dahin zurück. Der Herr hat gegeben,
der Herr hat genommen; gelobt sei
der Name des Herrn.

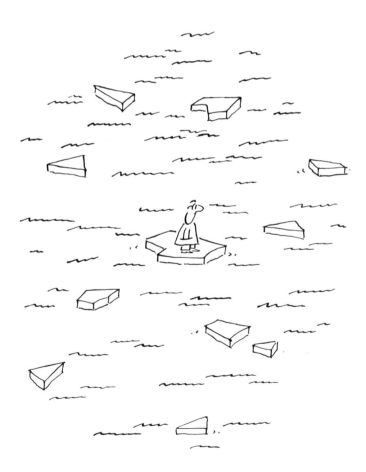

IJOB 2,7–9

Der Verleumder gibt nicht nach

Der Satan schlug Ijob mit bösartigem Geschwür von der Fußsohle bis zum Scheitel. Ijob setzte sich mitten in die Asche und nahm eine Scherbe, um sich damit zu schaben.
    Da sagte seine Frau zu ihm: Hältst du immer noch fest an deiner Frömmigkeit? Lästere Gott, und stirb!
Er aber sprach zu ihr: Wie eine Törin redet, so redest du. Nehmen wir das Gute an von Gott, sollen wir dann nicht auch das Böse annehmen? Bei all dem sündigte Ijob nicht mit seinen Lippen.

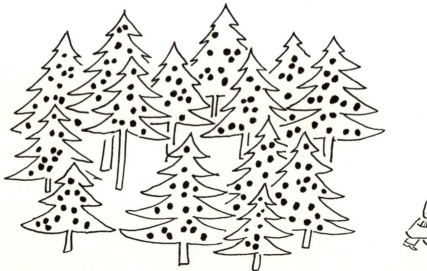

Ohnmächtige Klage

Ijob verfluchte den Tag seiner Geburt und sagte:

> Versunken und vergessen soll er sein, der Tag, an dem ich einst geboren wurde, und auch die Nacht, die sah, wie man mich zeugte!

Gott, mach doch diesen Tag zu Finsternis! Streich ihn aus dem Gedächtnis, du dort oben, und laß ihn niemals mehr das Licht erblicken!

> Er war das Eigentum der Dunkelheit; sie fordere ihn zurück, erschrecke ihn mit Sonnenfinsternis und dichten Wolken!

Auch jene Nacht – das Dunkel soll sie holen, damit sie nicht im Jahreslauf erscheint, wenn man die Monate und Tage zählt.

> Mach sie zu einer unfruchtbaren Nacht, in der kein Jubelruf erklingen kann.

Die Zaubermeister sollen sie verwünschen, die fähig sind, die Tage zu verfluchen, und ohne Furcht den großen Drachen wecken.

> Kein Morgenstern soll ihr den Tag ankünden; das Licht, auf das sie wartet, bleibe aus; kein Strahl der Morgenröte soll sie treffen!

Denn sie ließ zu, daß ich empfangen wurde, und sie ist schuld an meinem ganzen Leid.

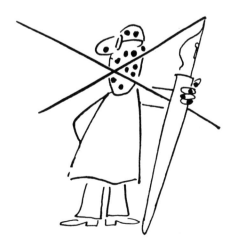

Warum?

> Wär ich doch gleich bei der Geburt
> gestorben oder, noch besser, schon
> im Leib der Mutter!
>> Warum hat sie mich auf den Schoß
>> genommen und mich an ihren Brüs-
>> ten trinken lassen?
> Ich läge jetzt ganz still in meinem
> Grab, ich hätte meine Ruhe, könnte
> schlafen.
>> Warum gibt Gott den Menschen Licht
>> und Leben, ein Leben voller Bitterkeit
>> und Mühe?
> Sie warten auf den Tod, doch der
> bleibt aus. Sie suchen ihn viel mehr als
> alle Schätze.
>> Sie freuen sich auf ihren letzten Hügel
>> und jubeln beim Gedanken an ihr
>> Grab.
> Wohin mein Leben führt, ist mir
> verborgen, mit einem Zaun hält
> Gott mich eingeschlossen.

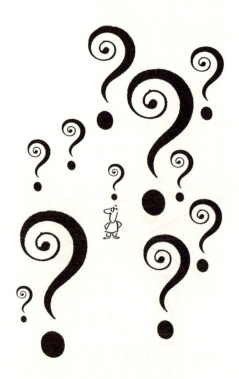

IJOB 9,25–26

Schmerzliche Erkenntnis

Meine Tage sind schneller gewesen als ein Läufer; sie sind dahingeflohen und haben nichts Gutes erlebt.
    Sie sind dahingefahren wie schnelle Schiffe, wie ein Adler herabstößt auf die Beute.

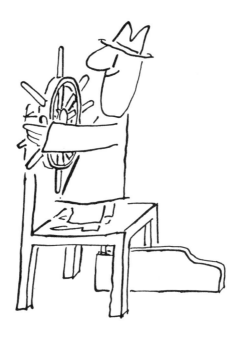

IJOB 14,7-10

Solange der Himmel bleibt

Für einen Baum gibt es noch eine Hoffnung: Wenn man ihn fällt, dann schlägt er wieder aus.
    Selbst wenn die Wurzeln in der Erde altern, der Stumpf im Boden abstirbt und verdorrt -
er muß nur ein klein wenig Wasser spüren, dann treibt er wieder wie ein junges Bäumchen.
    Doch stirbt ein Mensch, so ist es mit ihm aus. Wenn er gestorben ist, wo bleibt er dann?

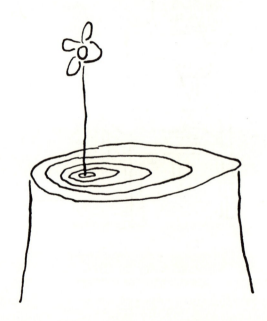

Sehnsucht nach der Nähe Gottes

Wüßte ich doch, wie ich ihn finden
könnte, gelangen könnte zu seiner
Stätte.
> Ich wollte vor ihm das Recht ausbrei-
> ten, meinen Mund mit Beweisen
> füllen.

Wissen möchte ich die Worte, die er
mir entgegnet, erfahren, was er zu
mir sagt.
> Würde er in der Fülle der Macht mit
> mir streiten? Nein, gerade er wird auf
> mich achten.

Dort würde ein Redlicher mit ihm
rechten, und ich käme für immer frei
von meinem Richter.
> Geh' ich nach Osten, so ist er nicht da,
> nach Westen, so merke ich ihn nicht,

nach Norden, sein Tun erblicke ich
nicht; bieg' ich nach Süden, sehe ich
ihn nicht.

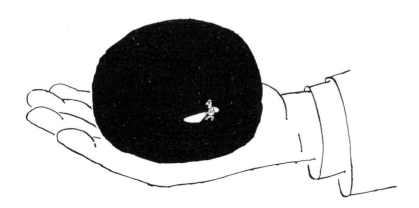

Fragen als Antwort

Dann sprach der Herr selbst aus einem Sturm heraus. Er sagte zu Ijob:
> Wer bist du, daß du meinen Plan anzweifelst, von Dingen redest, die du nicht verstehst?

Nun gut! Steh auf und zeige dich als Mann! Ich will dich fragen, gib du mir Bescheid!
> Wo warst du denn, als ich die Erde machte? Wenn du es weißt, dann sage es mir doch!

Wer hat bestimmt, wie groß sie werden sollte? Wer hat das mit der Meßschnur festgelegt? Du weißt doch alles! Oder etwa nicht?
> Auf welchem Sockel stehen ihre Pfeiler? Wer hat den Grundstein ihres Baus gelegt?

Kennst du den Weg zum Ursprungsort des Lichtes? Von welcher Stelle kommt die Dunkelheit?
> Kannst du das Siebengestirn zusammenbinden? Löst du den Gürtel des Orions auf?

Kennst du die Ordnung, der der Himmel folgt, und machst sie gültig für die ganze Erde?
> Mit mir, dem Mächtigen, willst du dich streiten? Willst du mich tadeln, oder gibst du auf?

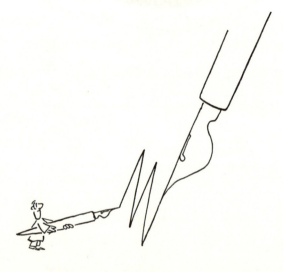

Wahres
Licht

Wie glücklich ist, wer sich nicht verführen läßt von denen, die Gottes Gebote mißachten, wer sich nicht nach dem Vorbild gewissenloser Menschen richtet und nicht zusammensitzt mit Leuten, denen nichts heilig ist.
　　Wie glücklich ist, wer Freude findet an den Weisungen des Herrn, wer Tag und Nacht in seinem Gesetz liest und darüber nachdenkt.
Er gleicht einem Baum, der am Wasser steht; Jahr für Jahr trägt er Frucht, sein Laub bleibt grün und frisch. Ein solcher Mensch hat Erfolg bei allem, was er unternimmt.

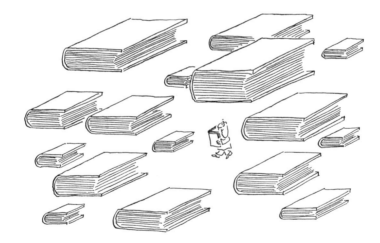

PSALM 16,10-11

Von Gott gehalten

Du gibst mich nicht der Unterwelt preis; du läßt deinen Frommen das Grab nicht schauen. Du zeigst mir den Pfad zum Leben. Vor deinem Angesicht herrscht Freude in Fülle, zu deiner Rechten Wonne für alle Zeit.

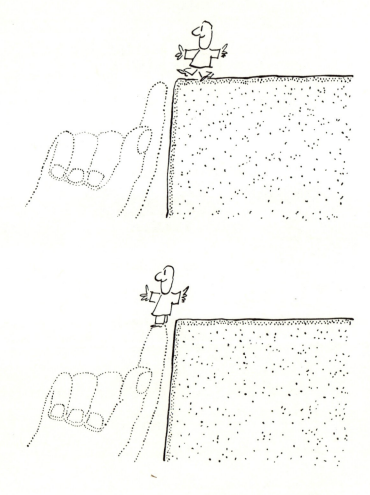

PSALM 18,2-4

Ich liebe dich, Herr, denn durch dich
bin ich stark!
> Du mein Fels, meine Burg, mein
> Retter, du mein Gott, meine sichere
> Zuflucht, mein Beschützer, mein
> starker Helfer, meine Festung auf
> steiler Höhe!

Wenn ich zu dir um Hilfe rufe, dann
rettest du mich vor den Feinden. Ich
preise dich, Herr!

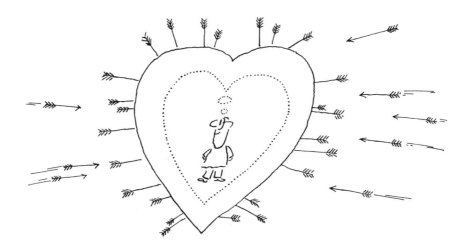

PSALM 19,2–7

Wortloses Schöpferlob

Der Himmel verkündet: Gott ist groß!
Seine Schöpfermacht bezeugen die Gestirne.
Ein Tag sagt es dem anderen,
jede Nacht ruft es der nächsten zu.
Kein Wort wird gesprochen, kein Laut
ist zu hören,
und doch geht ihr Ruf weit über
die Erde bis hin zu ihren äußersten
Grenzen. Am Himmel hat Gott der
Sonne ein Zelt gebaut.
Sie kommt daraus hervor wie
der Bräutigam aus dem Brautgemach,
wie ein Sieger betritt sie ihre Bahn.
Sie geht auf am einen Ende des
Himmels und läuft hinüber bis zum
anderen Ende. Nichts bleibt ihrem
feurigen Auge verborgen.

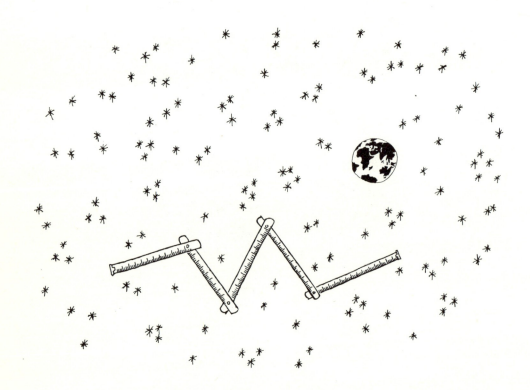

PSALM 51,12

Schaffe in mir, Gott, ein reines Herz,
und gib mir einen neuen, beständigen
Geist.

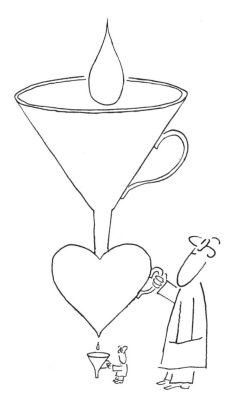

Bei Gott allein kommt meine Seele zur
Ruhe; denn von ihm kommt meine
Hoffnung.
    Nur er ist mein Fels, meine Hilfe,
    meine Burg; darum werde ich nicht
    wanken.
Vertrau ihm, Volk Gottes, zu jeder
Zeit! Schüttet euer Herz vor ihm aus!
Denn Gott ist unsere Zuflucht.

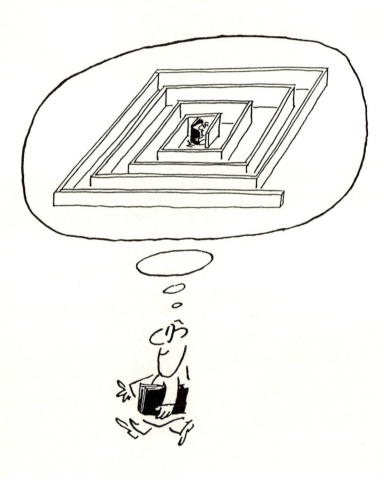

Ewigkeit und
Vergänglichkeit

Herr, du bist unsre Zuflucht für und
für.
    Ehe denn die Berge wurden und die
    Erde und die Welt geschaffen wurden,
    bist du, Gott, von Ewigkeit zu
    Ewigkeit.
Der du die Menschen lässest sterben
und sprichst: Kommt wieder,
Menschenkinder!
    Denn tausend Jahre sind vor dir wie
    der Tag, der gestern vergangen ist,
    und wie eine Nachtwache.
Lehre uns bedenken, daß wir sterben
müssen, auf daß wir klug werden.

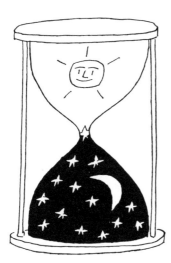 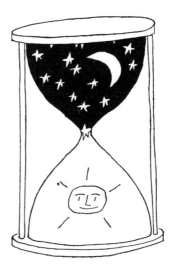

PSALM 90,16–17

Zeige deinen Knechten deine Werke
und deine Herrlichkeit ihren Kindern.
Und der Herr, unser Gott, sei uns
freundlich und fördere das Werk
unsrer Hände bei uns. Ja, das Werk
unsrer Hände wollest du fördern!

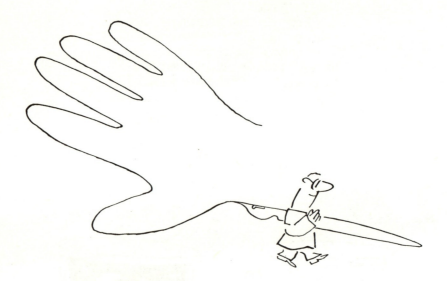

PSALM 119,18

Pilger auf Erden

Öffne mir die Augen für das Wunderbare an deiner Weisung!

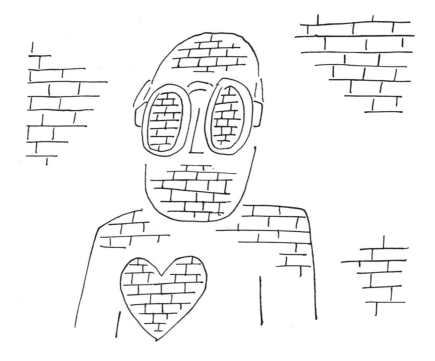

PSALM 121,1–4

Der Wächter

Ich hebe meine Augen auf zu den
Bergen: Woher kommt mir Hilfe?
<u>Meine Hilfe kommt vom Herrn,
der Himmel und Erde gemacht hat.</u>
Er läßt deinen Fuß nicht wanken;
er, der dich behütet, schläft nicht.
Nein, der Hüter Israels schläft und
schlummert nicht.

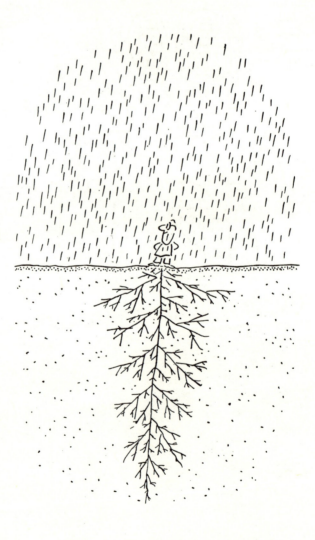

Grund des Glaubens

Herr, du erforschest mich und kennest mich.
Ich sitze oder stehe auf, so weißt du es; du verstehst meine Gedanken von ferne.
Ich gehe oder liege, so bist du um mich und siehst alle meine Wege.
Denn siehe, es ist kein Wort auf meiner Zunge, das du, Herr, nicht schon wüßtest.
<u>Von allen Seiten umgibst du mich und hältst deine Hand über mir.</u>
Diese Erkenntnis ist mir zu wunderbar und zu hoch, ich kann sie nicht begreifen.

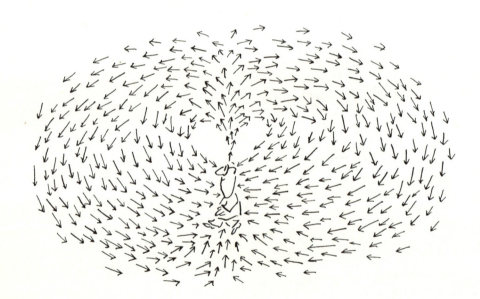

PSALM 142,2–4

Last der
Taten

Mit lauter Stimme schreie ich
zum Herrn, laut flehe ich zum Herrn
um Gnade.
    Ich schütte vor ihm meine Klagen aus,
    eröffne ihm meine Not.
Wenn auch mein Geist in mir verzagt,
du kennst meinen Pfad.

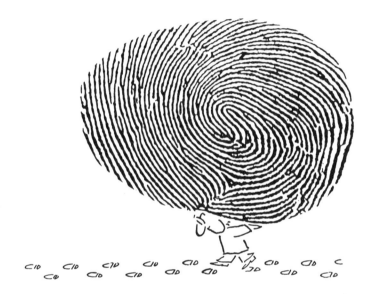

SPRICHWÖRTER 1,1–8

Erziehung zur Weisheit

Sprichwörter Salomos, des Sohnes Davids, des Königs von Israel:
um Weisheit zu lernen und Zucht,
um kundige Rede zu verstehen,
um Zucht und Verständnis zu erlangen, Gerechtigkeit, Rechtssinn und Redlichkeit,
um Unerfahrenen Klugheit zu verleihen, der Jugend Kenntnis und Umsicht.
Der Weise höre und vermehre sein Wissen, der Verständige lerne kluge Führung,
um Sinnspruch und Gleichnis zu verstehen, die Worte und Rätsel der Weisen.
Gottesfurcht ist Anfang der Erkenntnis, nur Toren verachten Weisheit und Zucht.
Höre, mein Sohn, auf die Mahnung des Vaters, und die Lehre deiner Mutter verwirf nicht!

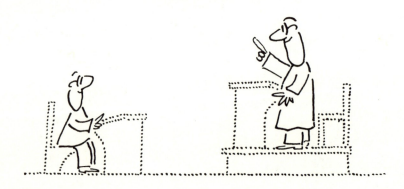

SPRICHWÖRTER 1,20–26

Ablehnung

Die Weisheit ruft auf den Straßen, auf den Plätzen erschallt ihre Stimme;
> wo die Leute sich treffen, hört man sie, am Stadttor trägt sie ihre Rede vor:

Wann werdet ihr endlich reif und erwachsen, unreife Grünschnäbel, die ihr seid? Ihr unverbesserlichen Schwätzer, wie lange wollt ihr euch nicht bessern? Wann kommt ihr endlich zur Einsicht, ihr alle, die ihr mich mißachtet?
> Nehmt euch doch meine Mahnung zu Herzen! Dann öffne ich euch den Schatz meines Wissens und gebe euch davon, soviel ihr wollt.

Ich habe immer wieder geredet, doch ihr habt gar nicht zugehört. Mit erhobenem Finger hab ich gedroht, und keiner hat darauf geachtet.
> Ihr habt euch nicht zurechtweisen lassen und jeden Rat in den Wind geschlagen.

Macht nur so weiter, die Folgen bleiben nicht aus! Dann ist die Reihe an mir, zu spotten.

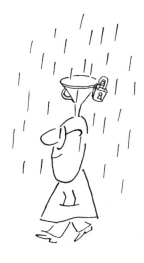

SPRICHWÖRTER 2,1–8

Aufsteigen

Mein Sohn, wenn du meine Worte annimmst und meine Gebote beherzigst,
  der Weisheit Gehör schenkst,
  dein Herz der Einsicht zuneigst,
wenn du nach Erkenntnis rufst, mit lauter Stimme um Einsicht bittest,
  wenn du sie suchst wie Silber, nach ihr forschst wie nach Schätzen,
dann wirst du die Gottesfurcht begreifen und Gotteserkenntnis finden.
  Denn der Herr gibt Weisheit, aus seinem Mund kommen Erkenntnis und Einsicht.
Für die Redlichen hält er Hilfe bereit, den Rechtschaffenen ist er ein Schild.
  Er hütet die Pfade des Rechts und bewacht den Weg seiner Frommen.

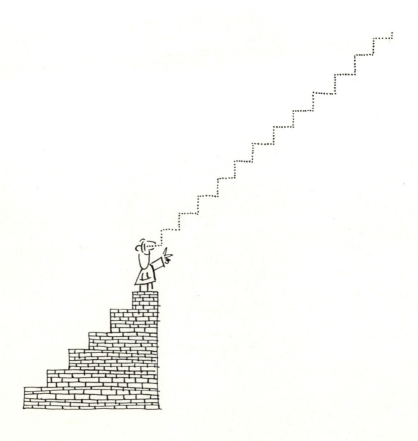

Mit ganzem Herzen vertrau auf den
Herrn, bau nicht auf eigene Klugheit.

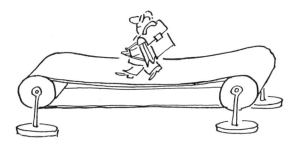

Zwischen Himmel und Erde

Wohl dem Mann, der Weisheit gefunden, dem Mann, der Einsicht gewonnen hat.
> Denn sie zu erwerben ist besser als Silber, sie zu gewinnen ist besser als Gold.

Sie übertrifft die Perlen an Wert, keine kostbaren Steine kommen ihr gleich.
> Langes Leben birgt sie in ihrer Rechten, in ihrer Linken Reichtum und Ehre;

ihre Wege sind Wege der Freude, all ihre Pfade führen zum Glück.
> Wer nach ihr greift, dem ist sie ein Lebensbaum, wer sie festhält, ist glücklich zu preisen.

Der Herr hat die Erde mit Weisheit gegründet und mit Einsicht den Himmel befestigt.
> Durch sein Wissen brechen die tiefen Quellen hervor und träufeln die Wolken den Tau herab.

Mein Sohn, laß beides nicht aus den Augen: Bewahre Umsicht und Besonnenheit!
> Dann werden sie dir ein Lebensquell, ein Schmuck für deinen Hals;

dann gehst du sicher deinen Weg und stößt mit deinem Fuß nicht an.
> Gehst du zur Ruhe, so schreckt dich nichts auf, legst du dich nieder, erquickt dich dein Schlaf.

Du brauchst dich vor jähem Erschrecken nicht zu fürchten noch vor dem Verderben, das über die Frevler kommt.
> <u>Der Herr wird deine Zuversicht sein, er bewahrt deinen Fuß vor der Schlinge.</u>

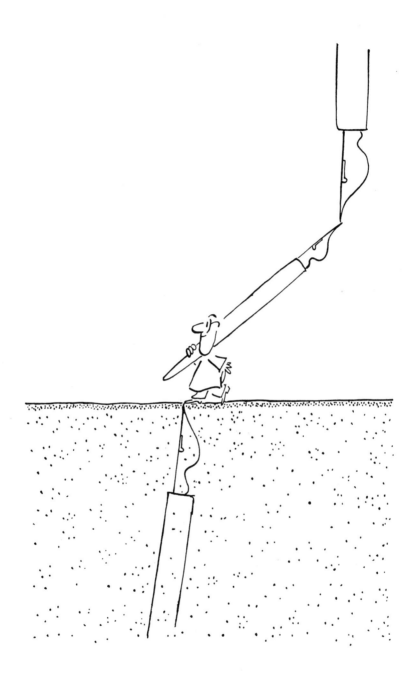

SPRICHWÖRTER 4,14–19

Der Weg
der Gewissenlosen

Betritt nicht den Pfad der Frevler,
beschreite nicht den Weg der Bösen!
    Meide ihn, geh nicht auf ihm, kehr
    dich von ihm ab, und geh vorbei!
Denn sie schlafen nicht, ehe sie Böses tun;
der Schlaf flieht sie, bis sie Verbrechen
begehen.
    Sie essen das Brot des Unrechts
    und trinken den Wein der Gewalttat.
Doch der Pfad der Gerechten ist
wie das Licht am Morgen; es wird
immer heller bis zum vollen Tag.
    Der Weg der Frevler ist wie dunkle
    Nacht; sie merken nicht, worüber sie
    fallen.

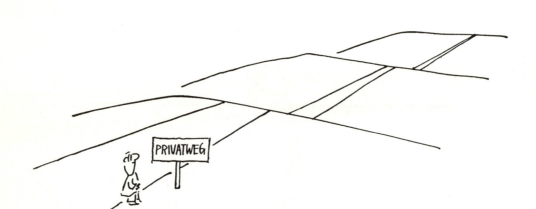

Weisheit
als Wegweiser

Hört doch! Die Weisheit ruft,
die Einsicht läßt ihre Stimme erschallen.
Erhöht und weithin sichtbar steht sie
an den Straßen und da, wo sich Wege
kreuzen.
Sie stellt sich an die Tore der Stadt,
an ihren Eingängen ruft sie aus:
Ihr Männer, ich habe euch etwas zu
sagen! An alle Menschen wende ich
mich.

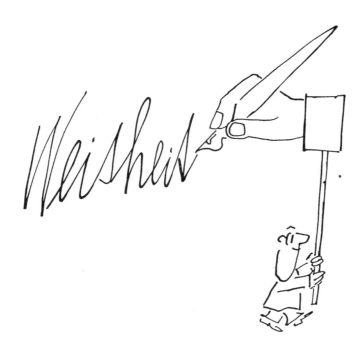

SPRICHWÖRTER 8,33–36

Auf der Suche
nach Weisheit

Schlagt meine Unterweisung nicht
in den Wind, sondern nehmt sie an
und werdet klug!
    Wie glücklich ist jeder, der mir zuhört,
der jeden Tag an meiner Haustür steht
und an der Schwelle auf mich wartet.
Wer mich findet, der findet das Leben,
und der Herr hat Freude an ihm.
    Doch wer mich verfehlt, der schadet
sich selbst.
    Alle, die mich hassen, lieben den Tod.

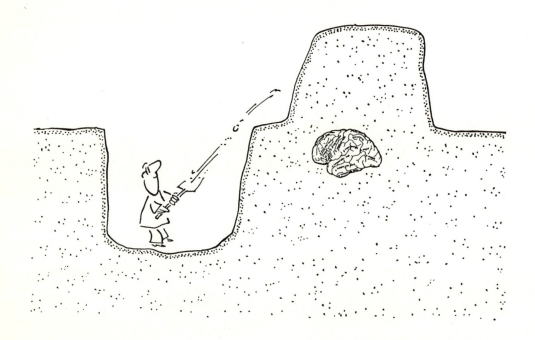

Zuckerguß

Frau Torheit ist eine schamlose Dirne,
eine vorlaute, aufdringliche Schwätzerin.
> Vor ihrem Haus am Marktplatz der
> Stadt sitzt sie an der Tür auf einem
> Stuhl

und sagt zu jedem, der vorübergeht
und an gar nichts Schlechtes denkt:
> Wer unerfahren ist, soll zu mir
> kommen! Wer etwas lernen will, ist
> eingeladen!

Verbotenes Wasser ist süß! Brot, das
man im Verborgenen essen muß,
schmeckt am allerbesten!
> Doch wer ihrer Einladung Folge leistet,
> weiß nicht, daß drinnen an ihrem Tisch
> die Geister der Toten sitzen. Wer die
> Schwelle ihres Hauses überschreitet,
> betritt damit die Totenwelt.

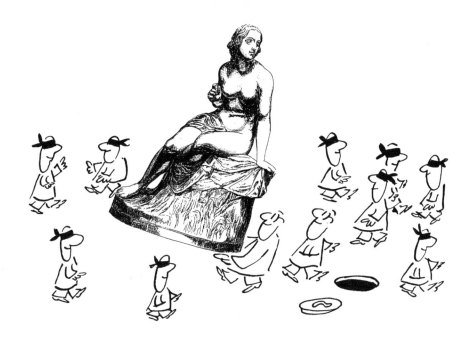

Störungen

Wo viel Worte sind, da geht's ohne Sünde nicht ab; wer aber seine Lippen im Zaum hält, ist klug.

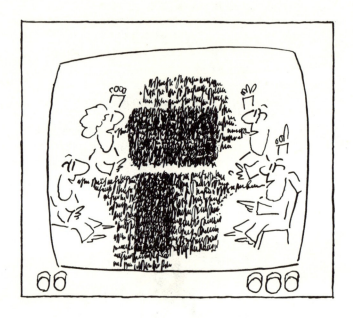

Auf Wiedersehen

Der Böse verfängt sich im Lügengespinst, der Gerechte entkommt der Bedrängnis.
Von der Frucht seines Mundes wird der Mensch reichlich gesättigt; nach dem Tun seiner Hände wird ihm vergolten.

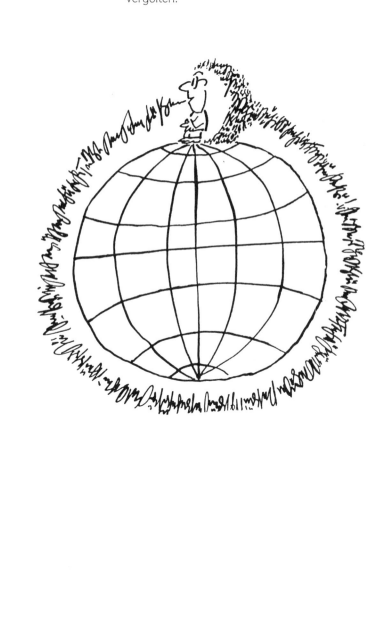

SPRICHWÖRTER 14,8

Um-Weg

Die Weisheit des Klugen gibt ihm Einsicht in seinen Weg, aber die Dummheit der Toren führt zu Täuschung.

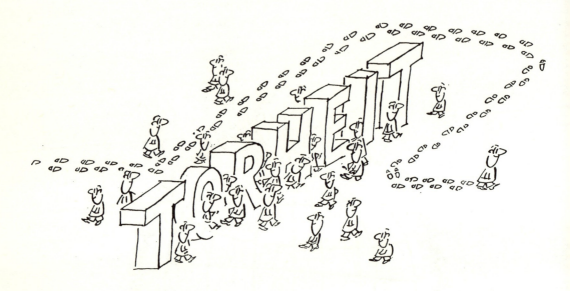

Manch einem scheint sein Weg der rechte, aber am Ende sind es Wege des Todes.

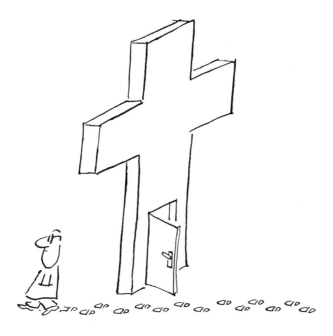

Beweislast

Dem Untreuen werden seine Vergehen vergolten, dem guten Menschen seine edlen Taten.

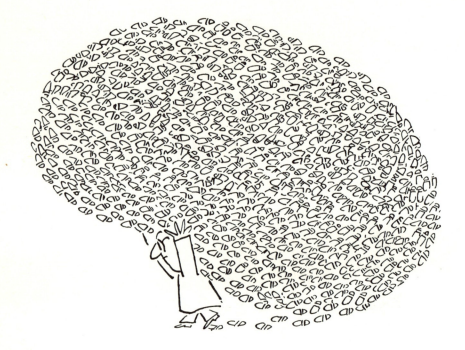

Im Herzen des Verständigen ruht Weisheit, im Innern der Toren ist sie nicht bekannt.

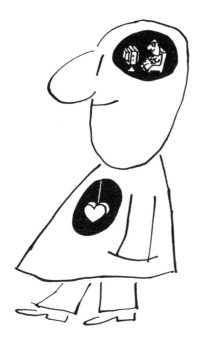

Die Zunge der Weisen verkündet Erkenntnis, der Mund der Narren sprudelt Torheit hervor.

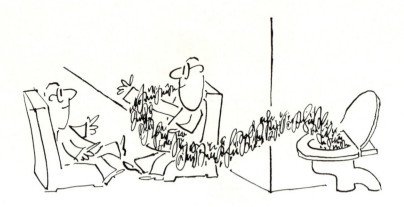

SPRICHWÖRTER 29,5

Fallstricke

Wer einem anderen Schmeicheleien sagt, legt ihm ein Netz vor die Füße.

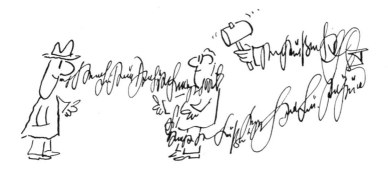

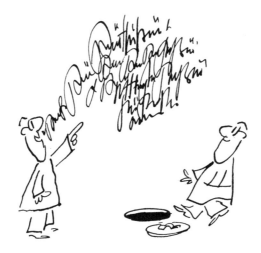

Selbstbetrug

Windhauch, Windhauch, sagte Kohelet,
Windhauch, Windhauch, das alles ist
Windhauch.

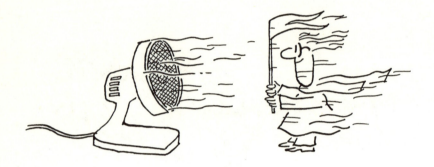

Kreislauf

Welchen Vorteil hat der Mensch von
all seinem Besitz, für den er sich
anstrengt unter der Sonne?
    Eine Generation geht, eine andere
    kommt. Die Erde steht in Ewigkeit.
Die Sonne, die aufging und wieder
unterging, atemlos jagt sie zurück
an den Ort, wo sie wieder aufgeht.
    Er weht nach Süden, dreht nach
    Norden, dreht, dreht, weht, der Wind.
    Weil er sich immerzu dreht, kehrt er
    zurück, der Wind.
Alle Flüsse fließen ins Meer, das Meer
wird nicht voll. Zu dem Ort, wo die
Flüsse entspringen, kehren sie zurück,
um wieder zu entspringen.

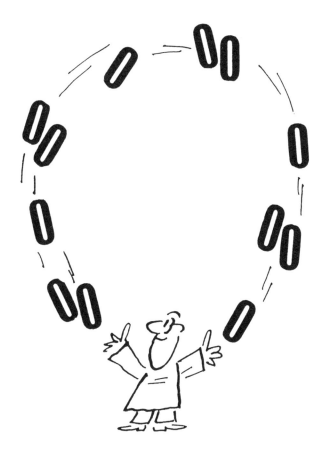

Korrespondenz

Ein jegliches hat seine Zeit, und alles
Vorhaben unter dem Himmel hat
seine Stunde:
    geboren werden hat seine Zeit,
    sterben hat seine Zeit; pflanzen hat
    seine Zeit, ausreißen, was gepflanzt
    ist, hat seine Zeit;
töten hat seine Zeit, heilen hat seine
Zeit; abbrechen hat seine Zeit, bauen
hat seine Zeit;
    weinen hat seine Zeit, lachen hat
    seine Zeit; klagen hat seine Zeit,
    tanzen hat seine Zeit.
Lieben hat seine Zeit, hassen hat seine
Zeit; Streit hat seine Zeit, Friede hat
seine Zeit.

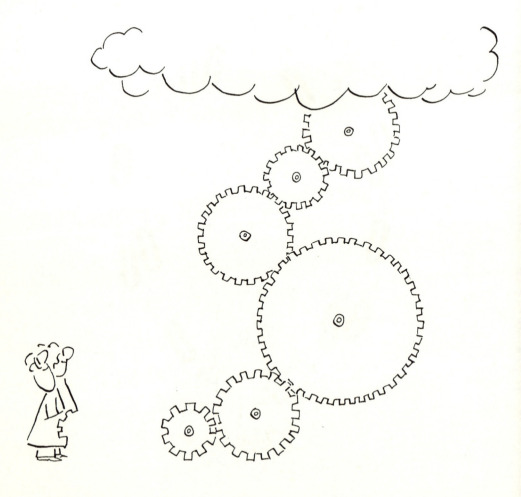

KOHELET / PREDIGER 3,14

Eigener Beitrag

Jetzt habe ich erkannt: Alles, was Gott tut, geschieht nach einem ewigen Gesetz. Der Mensch kann nichts hinzufügen und nichts davon wegnehmen. Er kann nur Gott für sein unbegreifliches Tun verehren; das ist es, was Gott von ihm will.

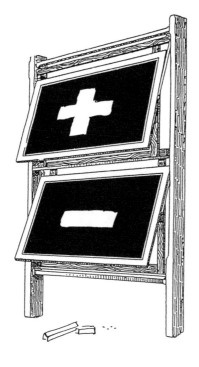
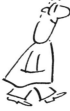

KOHELET / PREDIGER 4,4

Sinnlose Konkurrenz

Auch das habe ich gesehen: Da plagt man sich und leistet etwas und tut alles, um die anderen auszustechen. Ist das nicht auch sinnlos? Letzten Endes kommt nichts dabei heraus.

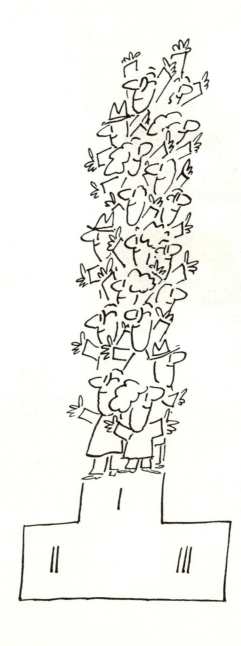

Kurz und bündig

Sei nicht schnell mit deinem Munde
und laß dein Herz nicht eilen,
etwas zu reden vor Gott; denn Gott
ist im Himmel und du auf Erden; darum
laß deiner Worte wenig sein.
    Denn wo viel Mühe ist, da kommen
    Träume, und wo viel Worte sind,
    da hört man den Toren.

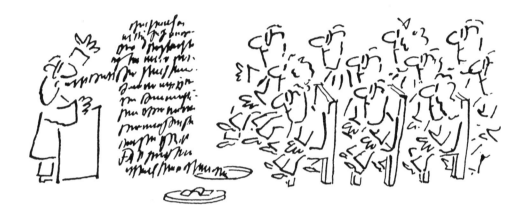

Kulisse

Wer Geld liebt, wird vom Geld niemals satt, und wer Reichtum liebt, wird keinen Nutzen davon haben. Das ist auch eitel.
> Denn wo viele Güter sind, da sind viele, die sie aufessen; und was hat ihr Besitzer mehr davon als das Nachsehen?

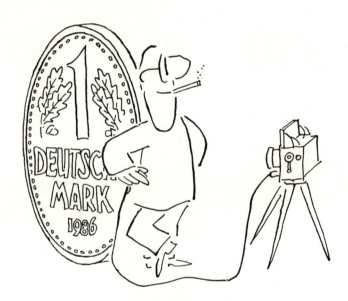

KOHELET / PREDIGER 5,14–17

Du kannst nichts mitnehmen

Nackt, wie er auf die Welt gekommen ist, muß der Mensch wieder von ihr gehen. Von allem, was er hier angehäuft hat, kann er nicht einmal eine Handvoll mitnehmen.
> Das könnte einem allen Mut nehmen! Er muß gehen, wie er gekommen ist; für nichts und wieder nichts hat er sich abgeplagt.

Sein Leben lang hat er sich nichts gegönnt und sich mit Ärger, Sorgen und Krankheit herumgeschlagen.
> Ich bin zu der Erkenntnis gekommen, daß man in dem kurzen Leben, das Gott uns zugemessen hat, nichts Besseres tun kann als essen und trinken und es sich wohl sein lassen bei aller Mühe, die man hat. So hat Gott es für uns Menschen bestimmt.

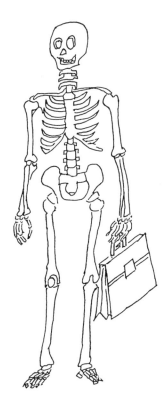

Philosophische Entdeckungen

Ich richtete mein Herz darauf, zu erkennen die Weisheit und zu schauen die Mühe, die auf Erden geschieht, daß einer weder Tag noch Nacht Schlaf bekommt in seine Augen.
> Und ich sah alles Tun Gottes, daß ein Mensch das Tun nicht ergründen kann, das unter der Sonne geschieht. <u>Und je mehr der Mensch sich müht, zu suchen, desto weniger findet er.</u> Und auch wenn der Weise meint: Ich weiß es, so kann er's doch nicht finden.

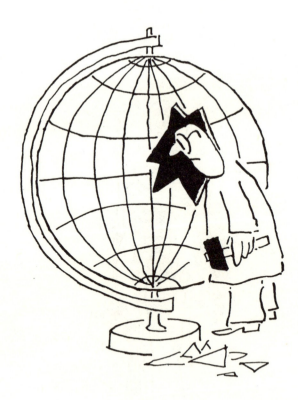

Nachwirkungen

Die Worte aus dem Munde des Weisen
bringen ihm Gunst; aber des Toren
Lippen verschlingen ihn selber.

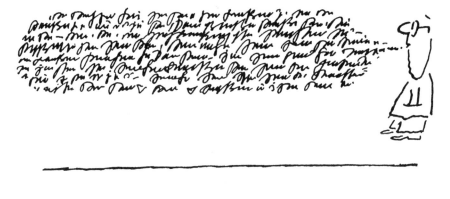

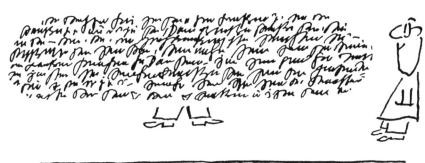

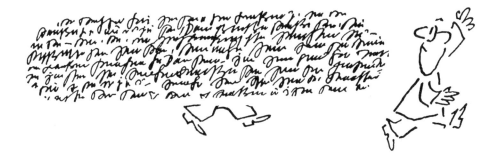

Epilog

Im übrigen, mein Sohn, laß dich warnen! Es nimmt kein Ende mit dem vielen Bücherschreiben, und viel Studieren ermüdet den Leib.
　　Hast du alles gehört, so lautet der Schluß: Fürchte Gott, und achte auf seine Gebote! Das allein hat jeder Mensch nötig.
Denn Gott wird jedes Tun vor das Gericht bringen, das über alles Verborgene urteilt, es sei gut oder böse.

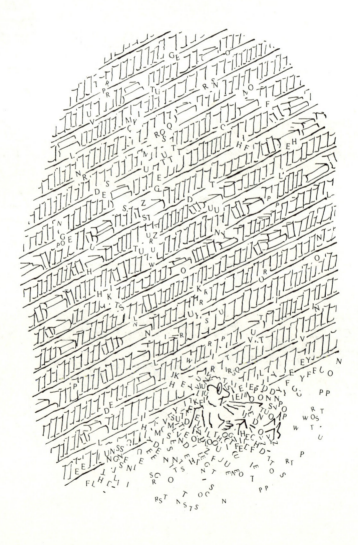

HOHESLIED 2,3

Liebe sieht alles schöner

Ein Apfelbaum unter Waldbäumen ist mein Geliebter unter den Burschen.

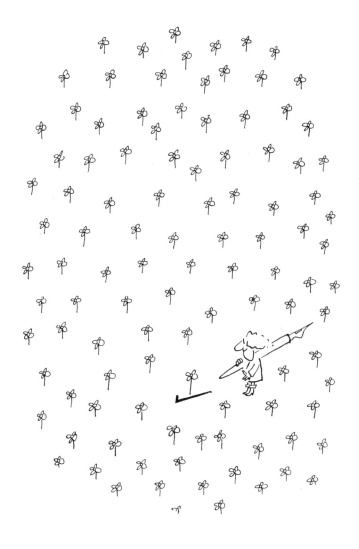

Auf der Suche

Nachts lieg ich auf dem Bett und kann nicht schlafen. Ich sehne mich nach ihm und suche ihn, doch nirgends kann mein Herz den Liebsten finden.

> Ich seh mich aufstehn und die Stadt durcheilen, durch Gassen streifen, über leere Plätze – ich sehne mich nach ihm und suche ihn, doch nirgends kann ich meinen Liebsten finden.

Die Wache greift mich auf bei ihrem Rundgang. Wo ist mein Liebster, habt ihr ihn gesehn?

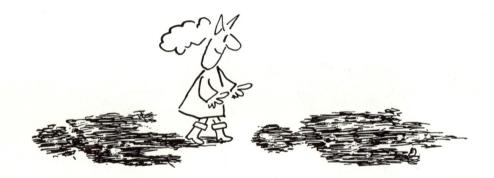

Gefunden

Nur ein paar Schritte weiter find ich ihn. Ich halt ihn fest und laß ihn nicht mehr los; ich nehm ihn mit nach Hause in die Kammer, wo meine Mutter mich geboren hat.

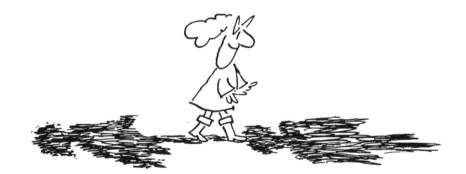

HOHESLIED 8,6-7

Unüberwindlich wie der Tod

Unüberwindlich ist der Tod: niemand entrinnt ihm, keinen gibt er frei. Unüberwindlich – so ist auch die Liebe, und ihre Leidenschaft brennt wie Feuer.
    Kein Wasser kann die Glut der Liebe löschen, und keine Sturzflut schwemmt sie je hinweg.

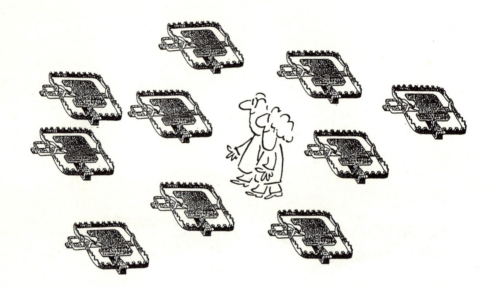

JESAJA 2,11–17

Überhebung

Alle hoffärtigen Augen werden erniedrigt werden, und, die stolze Männer sind, werden sich beugen müssen; der Herr aber wird allein hoch sein an jenem Tage.
> Denn der Tag des Herrn Zebaoth wird kommen über alles Hoffärtige und Hohe und über alles Erhabene, daß es erniedrigt werde:

über alle hohen und erhabenen Zedern auf dem Libanon und über alle Eichen in Baschan,
> über alle hohen Berge und über alle erhabenen Hügel,

über alle hohen Türme und über alle festen Mauern,
> über alle Schiffe im Meer und über alle kostbaren Boote,

daß sich beugen muß alle Hoffart der Menschen und sich demütigen müssen, die stolze Männer sind, und der Herr allein hoch sei an jenem Tage.

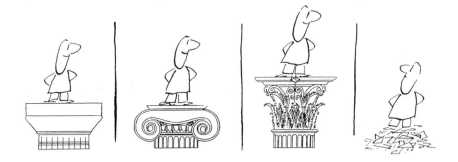

JESAJA 3,1-4

Die Ordnung
bricht zusammen

Gott, der Herr der Welt, nimmt den
Bewohnern von Jerusalem und Juda
alles weg, worauf sie sich stützen und
verlassen. Er nimmt ihnen Brot und
Wasser,
      Elitetruppen und einfache Krieger,
      Richter, Propheten und Wahrsager,
      Sippenoberhäupter,
Offiziere, Hofleute und Berater,
Zauberer und Beschwörer.
      Er gibt ihnen <u>unreife Burschen als
      Herrscher, die mit Willkür regieren.</u>

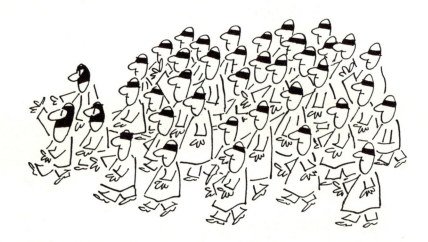

JESAJA 11,1-2

Ein neuer
Anfang

Aus dem Baumstumpf Isais wächst
ein Reis hervor, ein junger Trieb aus
seinen Wurzeln bringt Frucht.
> Der Geist des Herrn läßt sich nieder
> auf ihm: der Geist der Weisheit
> und der Einsicht, der Geist des Rates
> und der Stärke, der Geist der Erkennt-
> nis und der Gottesfurcht.

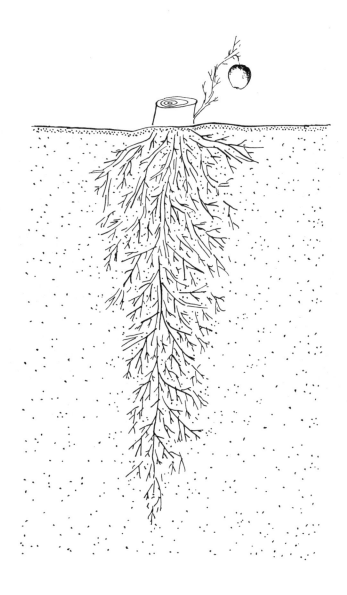

JESAJA 12,1-2

Zukunft

An jenem Tag wirst du sagen:
Ich danke dir, Herr. Du hast mir gezürnt,
doch dein Zorn hat sich gewendet,
und du hast mich getröstet.
<u>Ja, Gott ist meine Rettung; ihm will
ich vertrauen und niemals verzagen.</u>
Denn meine Stärke und mein Lied ist
der Herr. Er ist für mich zum Retter
geworden.

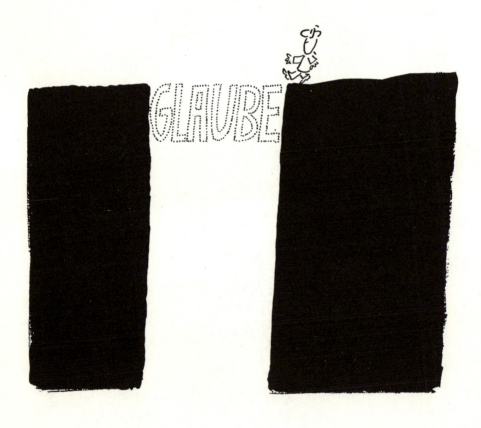

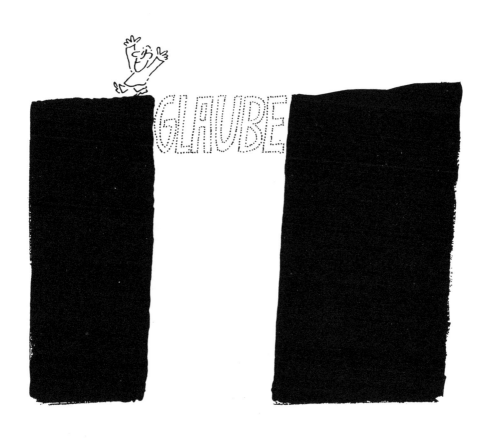

JESAJA 24,3-6

Tödliche
Krankheit

Die Erde wird leer und beraubt sein;
denn der Herr hat solches geredet.
    Das Land verdorrt und verwelkt, der
    Erdkreis verschmachtet und verwelkt,
    die Höchsten des Volks auf Erden
    verschmachten.
Die Erde ist entweiht von ihren
Bewohnern; denn sie übertreten das
Gesetz und ändern die Gebote und
brechen den ewigen Bund.
    Darum frißt der Fluch die Erde, und
    büßen müssen's, die darauf wohnen.
    Darum nehmen die Bewohner der
    Erde ab, so daß wenig Leute übrig-
    bleiben.

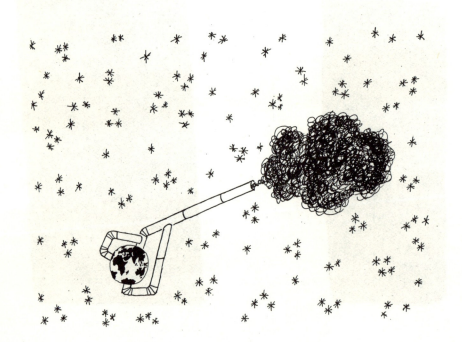

JESAJA 26,7

Lebenswege

Allen, die auf dich hören, Herr, bahnst du einen geraden Weg; der Pfad, auf dem sie gehen, führt geradeaus zum Ziel.

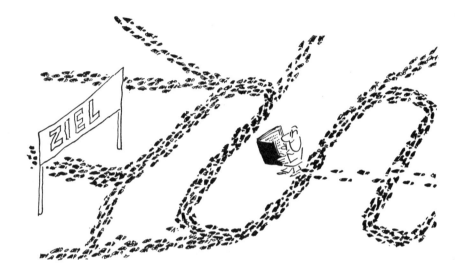

JESAJA 29,11–12

Verblendung

Was der Prophet geschaut und verkündet hat, ist für euch wie ein versiegeltes Buch. Gibt man es einem, der lesen kann, und sagt zu ihm: Hier, lies das! so antwortet er: Ich kann nicht, es ist versiegelt.
    Und gibt man es einem Ungebildeten, so antwortet er: Ich kann nicht lesen.

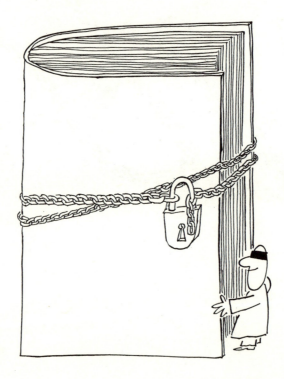

JESAJA 30,15–17

Notausgang

Der Herr der Welt, der heilige Gott Israels, hat zu euch gesagt: Wenn ihr zu mir umkehrt und stillhaltet, dann werdet ihr gerettet. Wenn ihr gelassen abwartet und mir vertraut, dann seid ihr stark. Aber ihr wollt ja nicht.

Ihr sagt: Nein, auf Pferden wollen wir entfliehen! Ihr habt recht: Ihr werdet fliehen. Ihr sagt: Auf schnellen Rennern wollen wir reiten! Aber eure Verfolger werden schneller rennen als ihr.

Tausend von euch werden fliehen, wenn sie einen einzigen Feind sehen; und wenn fünf euch bedrohen, werdet ihr alle davonlaufen. Von eurem stolzen Heer wird nichts übrigbleiben als eine leere Fahnenstange auf einem kahlen Hügel.

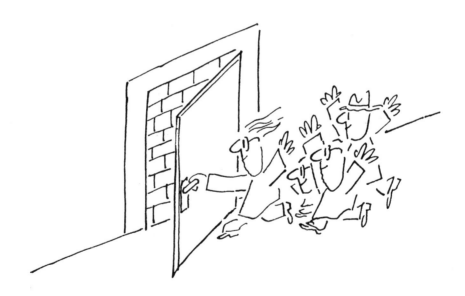

JESAJA 30,26

Neues Heil

Dann wird der Mond so hell sein wie die Sonne, und die Sonne wird siebenmal so hell scheinen – wie das Licht einer ganzen Woche an einem einzigen Tag. An diesem Tag wird der Herr die Wunden, die er seinem Volk geschlagen hat, verbinden und heilen.

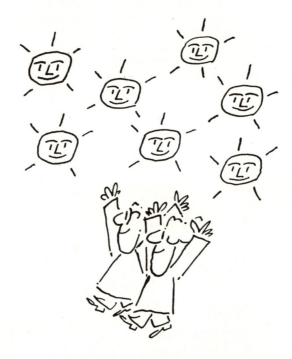

JESAJA 40,6–8

Vergänglich und ewig

Alles Fleisch ist Gras, und alle seine Güte ist wie eine Blume auf dem Felde.
    Das Gras verdorrt, die Blume verwelkt; denn des Herrn Odem bläst darein. Ja, Gras ist das Volk!
Das Gras verdorrt, die Blume verwelkt, aber das Wort unseres Gottes bleibt ewiglich.

JESAJA 42,1-4

Gottes Beauftragter

Der Herr hat gesagt: Hier ist mein Beauftragter, hinter dem ich stehe. Ihn habe ich erwählt, ihm gilt meine Liebe, ihm habe ich meinen Geist gegeben. Er wird den Völkern der Welt meine neue Rechtsordnung verkünden.

> Er schreit nicht und macht keinen Lärm, er hält keine lauten Reden auf den Straßen.

Das geknickte Schilfrohr zerbricht er nicht, den glimmenden Docht löscht er nicht aus.

> Er wird nicht müde und bricht nicht zusammen, bis er meiner Rechtsordnung bei allen Völkern Geltung verschafft hat. Die Bewohner der fernsten Inseln warten auf das, was er ihnen zu sagen hat.

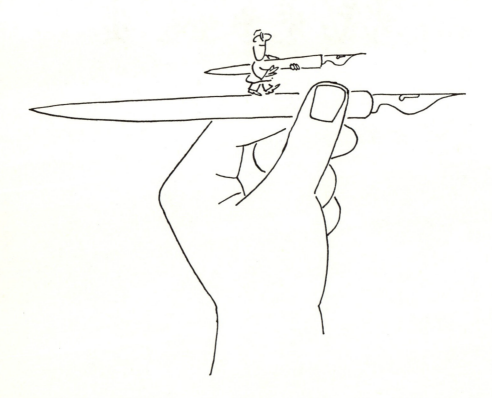

JESAJA 43,19

Etwas Neues

Seht her, nun mache ich etwas Neues.
Schon kommt es zum Vorschein,
merkt ihr es nicht?

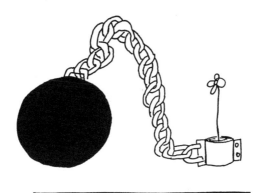

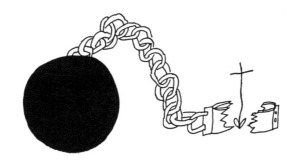

JESAJA 44,3-4

Rückkehr

Ich will Wasser gießen auf das
Durstige und Ströme auf das Dürre;
ich will meinen Geist auf deine Kinder
gießen und meinen Segen auf deine
Nachkommen,
    daß sie wachsen sollen wie Gras
    zwischen Wassern und wie die Wei-
    den an den Wasserbächen.

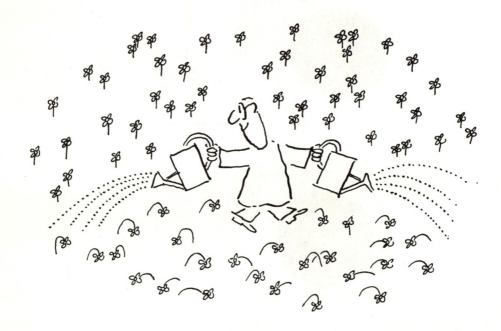

JESAJA 44,9–10

Ein kluger Kopf

Die Götzenmacher sind alle nichtig; woran ihr Herz hängt, das ist nichts nütze. Und ihre Zeugen sehen nichts, merken auch nichts, damit sie zuschanden werden.
    Wer sind sie, die einen Gott machen und einen Götzen gießen, der nichts nütze ist?

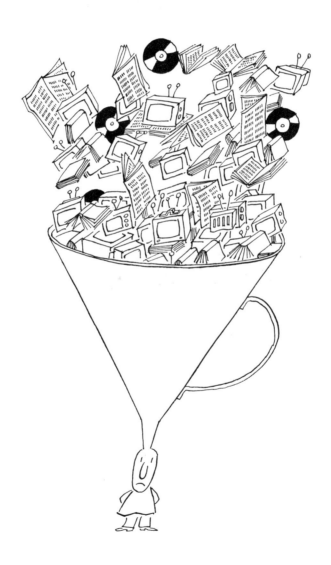

Der Lauf
der Dinge

Kommt zu mir und laßt euch helfen,
ihr Menschen der ganzen Erde!
Denn nur ich bin Gott und sonst
keiner.

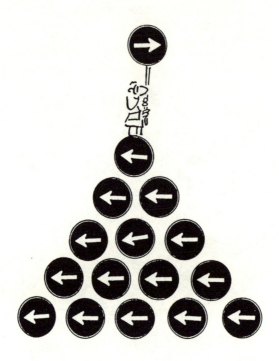

JESAJA 54,1–3.6

Neues Leben

Rühme, du Unfruchtbare, die du nicht geboren hast! Freue dich mit Rühmen und jauchze, die du nicht schwanger warst! Denn die Einsame hat mehr Kinder, als die den Mann hat, spricht der Herr.

> Mache den Raum deines Zeltes weit und breite aus die Decken deiner Wohnstatt; spare nicht! Spann deine Seile lang und stecke deine Pflöcke fest!

Denn du wirst dich ausbreiten zur Rechten und zur Linken, und deine Nachkommen werden Völker beerben und verwüstete Städte neu bewohnen.

> Denn der Herr hat dich zu sich gerufen wie ein verlassenes und von Herzen betrübtes Weib; und das Weib der Jugendzeit, wie könnte es verstoßen bleiben! spricht dein Gott.

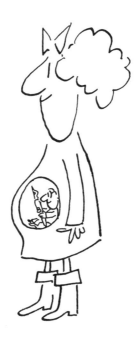

JESAJA 55,8-9

Himmelhoher Unterschied

So spricht der Herr: Meine Gedanken sind nicht zu messen an euren Gedanken, und meine Möglichkeiten nicht an euren Möglichkeiten.
> So hoch der Himmel über der Erde ist, so weit reichen meine Gedanken hinaus über alles, was ihr euch ausdenkt, und so weit übertreffen meine Möglichkeiten alles, was ihr für möglich haltet.

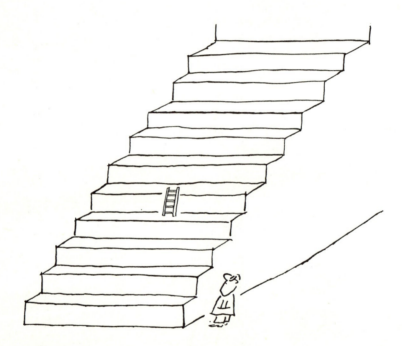

JESAJA 61,1–2

Gottes Geist befreit

Der Herr hat mich gesandt, den Elenden gute Botschaft zu bringen, die zerbrochenen Herzen zu verbinden, zu verkündigen den Gefangenen die Freiheit, den Gebundenen, daß sie frei und ledig sein sollen;

zu verkündigen ein gnädiges Jahr des Herrn und einen Tag der Vergeltung unsres Gottes, zu trösten alle Trauernden.

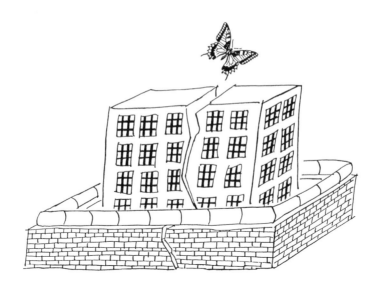

JEREMIA 1,11–12

Erscheinung

Es geschah des Herrn Wort zu mir:
Jeremia, was siehst du? Ich sprach:
Ich sehe einen erwachenden Zweig.
Und der Herr sprach zu mir: Du hast
recht gesehen; denn ich will wachen
über meinem Wort, daß ich's tue.

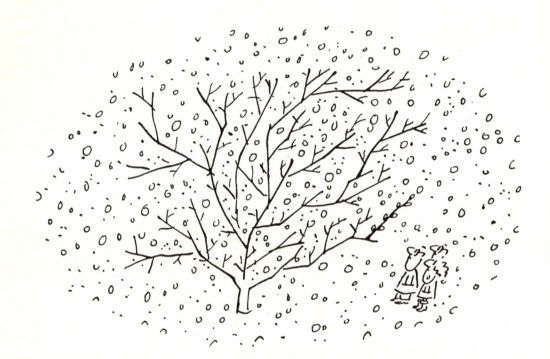

JEREMIA 3,22-23

Noch ist Zeit

Der Herr sagt: Kommt zu mir zurück,
ihr davongelaufenen Kinder,
ich bringe alles zwischen euch und
mir wieder in Ordnung!
Ja, Herr, wir kommen zu dir zurück,
denn du bist unser Gott.
    Das lärmende Treiben auf den Bergen
    und Hügeln kann uns nicht helfen;
    nur du, unser Gott, bringst Israel Hilfe.

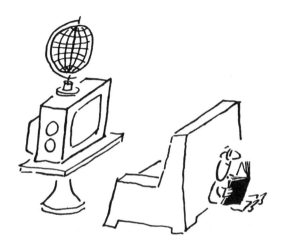

JEREMIA 9,22–23

(Kein) Grund zum Stolz

Der Herr sagt: Der Kluge soll nicht stolz sein auf seine Klugheit, der Starke nicht auf seine Stärke und der Reiche nicht auf seinen Reichtum! Grund zum Stolz hat nur der, der mich erkennt und begreift, was ich will. Denn ich bin der Herr, der Liebe, Recht und Treue auf der Erde schafft! Wer das erkennt, an dem habe ich Freude!

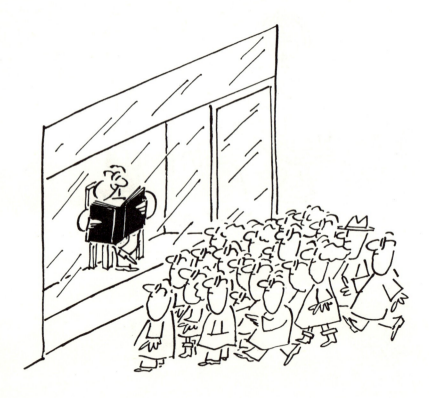

JEREMIA 10,23-24

Jeremia bittet um gerechte Strafe

Herr, ich sehe, daß der Mensch sein Geschick nicht selbst in der Hand hat. Nicht er ist's, der seinen Lebensweg bestimmt.
    Strafe uns, Herr, aber bleibe gerecht:
    laß nicht deinem Zorn freien Lauf,
    denn das wäre unser Ende.

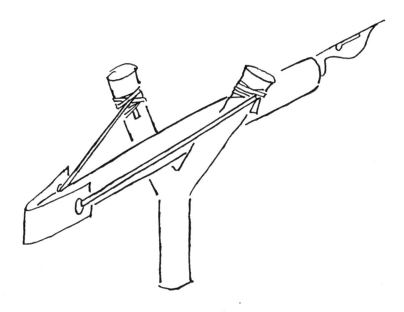

JEREMIA 14,13-14

Ruhekissen

Da sagte ich zu diesem Volk: Ach, Herr und Gott, die Propheten sagen doch zu ihnen: Ihr werdet das Schwert nicht sehen, der Hunger wird nicht über euch kommen, sondern beständiges Heil gewähre ich euch an diesem Ort.
Aber der Herr erwiderte mir: Lüge ist, was die Propheten in meinem Namen verkünden. Ich habe sie weder gesandt noch beauftragt, ich habe nicht zu ihnen gesprochen. <u>Erlogene Visionen, leere Wahrsagerei und selbstberdachten Betrug verkünden sie euch</u>.

JEREMIA 15,16

Freude

Wenn du zu mir sprachst, habe ich jedes Wort verschlungen. Deine Worte haben mein Herz mit Glück und Freude erfüllt, denn ich gehöre dir, du Herr der ganzen Welt!

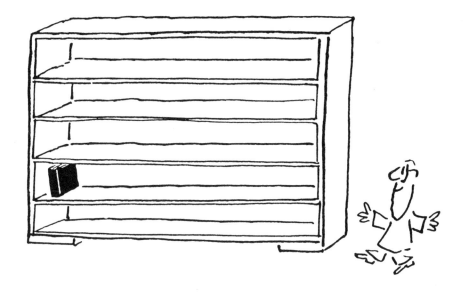

JEREMIA 15,19–21

Stille Post

Der Herr sagte zu mir: Wenn du zu mir umkehrst, nehme ich dich wieder an, und du sollst wieder mein Diener sein. Wenn du nicht mehr solchen Unsinn redest, sondern deine Worte abwägst, dann darfst du mein Mund sein. Hör nicht auf die anderen, sondern sieh zu, daß sie auf dich hören!
Du wirst diesem Volk wie eine Mauer gegenüberstehen. Sie werden gegen dich anrennen, aber sie können dich nicht bezwingen. Denn ich stehe dir zur Seite, um dich zu schützen und zu retten.
Ich will dich aus der Faust der Bösen und Gewalttätigen reißen. Ich, der Herr, sage es.

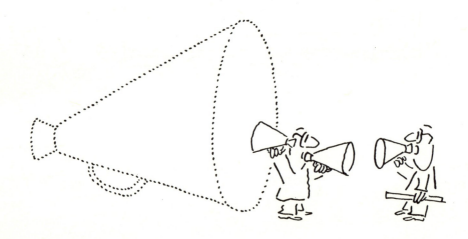

JEREMIA 17,5-6

Zerbrechliche Stützen

Der Herr sagt: Fluch über jeden,
der sich von mir abwendet und statt-
dessen auf die Hilfe vergänglicher
Menschen vertraut!
    Er ist wie ein kümmerlicher Strauch
in der Steppe, in steiniger Wüste,
in ödem, unbewohnbarem Land.
Er wird niemals Glück erleben.

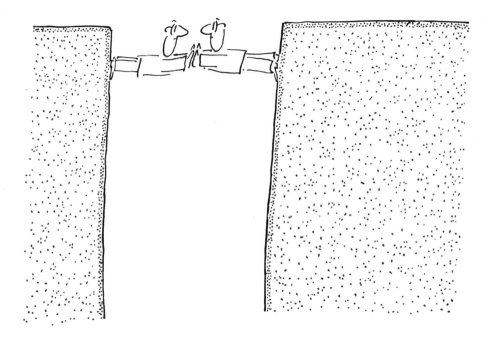

JEREMIA 23,23-24

Unermeßlich

Der Herr sagt: Ich bin nicht der nahe Gott, über den ihr verfügen könnt, ich bin der ferne Gott, der über euch verfügt.
    Niemand kann sich so gut verstecken, daß ich ihn nicht doch entdecken würde. Es gibt keinen Ort im Himmel und auf der Erde, an dem ich nicht wäre!

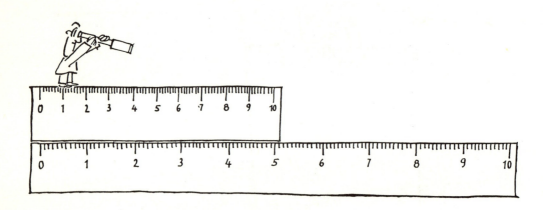

JEREMIA 23,29

Wirkungen

Ist mein Wort nicht wie ein Feuer,
spricht der Herr, und wie ein Hammer,
der Felsen zerschmeißt?

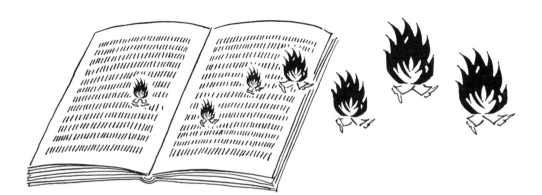

JEREMIA 29,12–13

Suchen
und finden

Der Herr sagt: Ihr müßt euch mir zuwenden und zu mir um Hilfe rufen, dann werde ich euch erhören.
Ihr müßt mich mit ganzem Herzen suchen, dann lasse ich mich von euch finden.

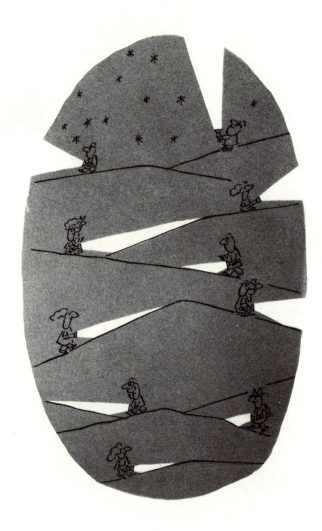

JEREMIA 50,23-24

Zerschmetterter Hammer

Babylon, du Hammer, der die ganze Welt in Stücke schlug, jetzt liegst du selber zerschmettert am Boden, ein Bild des Grauens für alle Völker!

Babylon, ich selbst habe dir eine Falle gestellt, sagt der Herr, und prompt bist du hineingelaufen. Ich habe dich gefangen, und jetzt rechne ich mit dir ab; denn mit mir, dem Herrn, hast du dich angelegt!

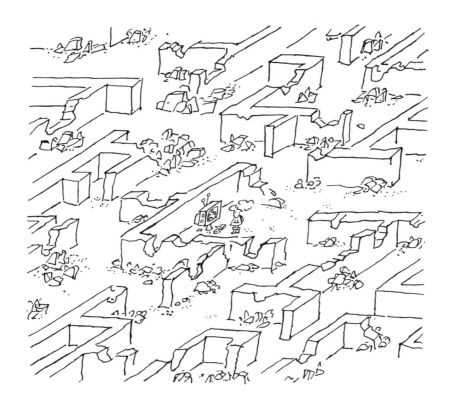

KLAGELIEDER 2,14

Was deine Propheten für dich sahen, waren nur schöne, bunte Träume. Sie haben deine Schuld nicht aufgedeckt, sonst hätten sie dein Schicksal wenden können. Mit ihren leeren Prophetensprüchen haben sie dich betrogen und verführt.

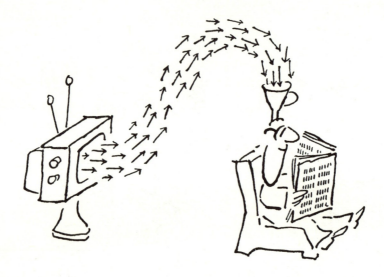

KLAGELIEDER 3,22–24

Die Güte des Herrn ist's, daß wir nicht gar aus sind, seine Barmherzigkeit hat noch kein Ende,
> sondern sie ist alle Morgen neu,
> und deine Treue ist groß.

Der Herr ist mein Teil, spricht meine Seele; darum will ich auf ihn hoffen.

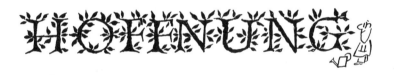

KLAGELIEDER 5,19–22

Warum?   Aber du, Herr, der du ewiglich bleibest
und dein Thron von Geschlecht zu
Geschlecht,
     warum willst du uns so ganz ver-
     gessen und uns lebenslang so ganz
     verlassen?
Bringe uns, Herr, zu dir zurück, daß
wir wieder heimkommen; erneure
unsre Tage wie vor alters!
     Hast du uns denn ganz verworfen,
     und bist du allzusehr über uns
     erzürnt?

[Fragezeichen gebildet aus dem Wort VERTRAUEN]

EZECHIEL 3,17–19

Wächter und Hirt

Du Mensch, ich bestelle dich zum Wächter, der die Israeliten vor drohender Gefahr zu warnen hat. Wenn du eine Botschaft von mir vernimmst, mußt du sie den Israeliten weitersagen, damit sie wissen, was auf sie zukommt.

Wenn ich dir ankündige, daß ein bestimmter Mensch wegen seiner schlimmen Taten sterben muß, dann bist du dafür verantwortlich, daß er es erfährt und die Gelegenheit bekommt, sich zu bessern und sein Leben zu retten. Warnst du ihn nicht, so wird er zwar sterben, wie er es verdient; aber dich ziehe ich dafür zur Rechenschaft wie für einen Mord. Warnst du ihn und er hört nicht darauf, so wird er ebenfalls sterben, du aber hast dein eigenes Leben gerettet.

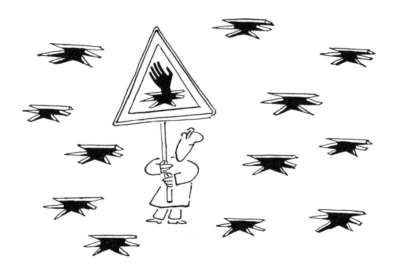

EZECHIEL 13,1–7

Das Ende der falschen Propheten

Und des Herrn Wort geschah zu mir:
Du Menschenkind, weissage gegen die Propheten Israels und sprich zu denen, die aus eigenem Antrieb heraus weissagen »Höret des Herrn Wort!«:
So spricht Gott der Herr: Weh den törichten Propheten, die ihrem eigenen Geist folgen und haben doch keine Gesichte!
O Israel, deine Propheten sind wie die Füchse in den Trümmern!
Sie sind nicht in die Bresche getreten und haben sich nicht zur Mauer gemacht um das Haus Israel, damit es fest steht im Kampf am Tage des Herrn.
Ihre Gesichte sind nichtig, und ihr Wahrsagen ist Lüge. Sie sprechen: »Der Herr hat's gesagt«, und doch hat sie der Herr nicht gesandt, und sie warten darauf, daß er ihr Wort erfüllt.
Ist's nicht vielmehr so: Eure Gesichte sind nichtig, und euer Wahrsagen ist lauter Lüge? Und ihr sprecht doch: »Der Herr hat's geredet«, wo ich doch nichts geredet habe.

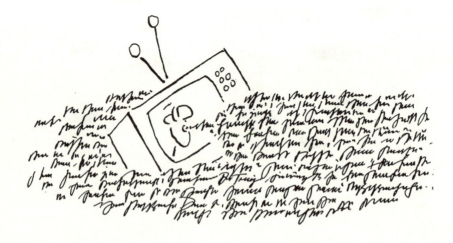

EZECHIEL 13,10–12

Tapetenwechsel

Weil sie mein Volk verführen und sagen: »Friede!«, wo doch kein Friede ist, und weil sie, wenn das Volk sich eine Wand baut, sie mit Kalk übertünchen,

> so sprich zu den Tünchern, die mit Kalk tünchen: »Die Wand wird einfallen!« Denn es wird ein Platzregen kommen und Hagel wie Steine fallen und ein Wirbelwind losbrechen. Siehe, da wird die Wand einfallen. Was gilt's? Dann wird man zu euch sagen: <u>Wo ist nun der Anstrich, den ihr darüber getüncht habt?</u>

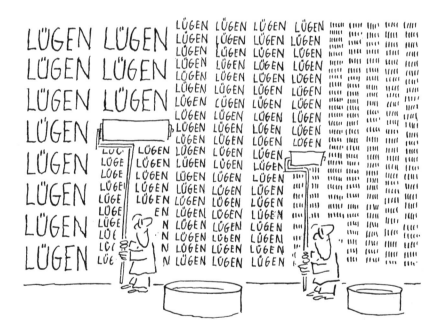

Zurück zur Quelle

Ich will euch richten, jeden nach seinem Verhalten, ihr vom Haus Israel – Spruch Gottes, des Herrn. Kehrt um, wendet euch ab von all euren Vergehen! Sie sollen für euch nicht länger der Anlaß sein, in Sünde zu fallen. Werft alle Vergehen von euch, die ihr verübt habt! Schafft euch ein neues Herz und einen neuen Geist! Warum wollt ihr sterben, ihr vom Haus Israel? Ich habe doch kein Gefallen am Tod dessen, der sterben muß – Spruch Gottes, des Herrn. Kehrt um, damit ihr am Leben bleibt.

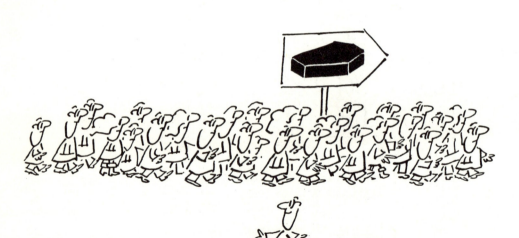

Die schlechten Hirten

Der Herr sagte zu mir:
Du Mensch, richte den führenden Männern in Israel aus: »Hört, was Gott, der Herr, sagt: Ihr seid die Hirten meines Volkes; aber anstatt für die Herde zu sorgen, habt ihr nur an euch selbst gedacht. Das müßt ihr mir büßen!
Die Milch der Schafe habt ihr getrunken, aus ihrer Wolle habt ihr euch Kleider gemacht und habt die besten Tiere geschlachtet. Aber für einen guten Weideplatz habt ihr nicht gesorgt.
War ein Tier schwach, so habt ihr ihm nicht geholfen; war eines krank, so habt ihr es nicht geheilt.
Die Schafe irrten überall umher, auf Bergen und Hügeln, denn niemand war da, der sie suchte, niemand, der sich um sie kümmerte.«

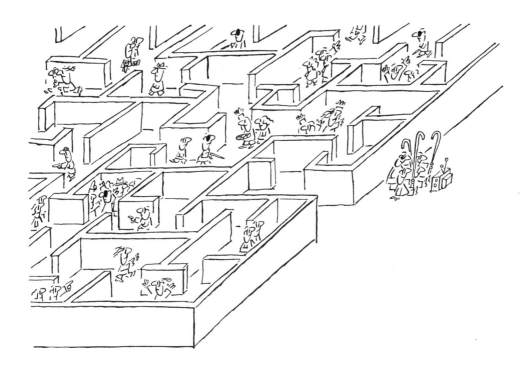

EZECHIEL 36,26-28

Ich gebe euch ein neues Herz und einen neuen Geist. Ich nehme das versteinerte Herz aus eurer Brust und schenke euch ein Herz, das fühlt.
    Ich erfülle euch mit meinem Geist und mache aus euch Menschen, die nach meinem Willen leben, die auf meine Gebote achten und sie befolgen.
Dann werdet ihr nie mehr aus dem Land vertrieben werden, das ich euren Vorfahren gegeben habe. Ihr werdet mein Volk sein, und ich werde euer Gott sein.

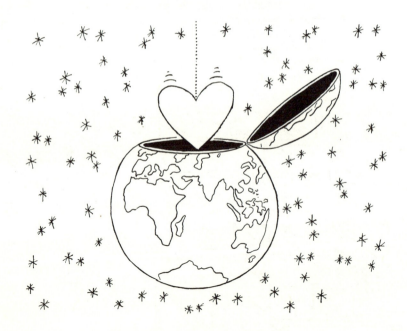

EZECHIEL 37,11–14

Aus dem Todesschlaf erweckt

Der Herr sagte zu mir: Du Mensch, das Volk Israel gleicht diesen Knochen. Sie sagen: »Unsere Lebenskraft ist geschwunden, unsere Hoffnung dahin; wir haben keine Zukunft mehr!«

Deshalb lasse ich ihnen sagen: »Ich, der Herr, öffne eure Gräber und hole euch, mein Volk, heraus; ich führe euch heim ins Land Israel. So werdet ihr erfahren, daß ich der Herr bin.

Ich hauche euch meinen Geist ein, damit ihr wieder lebt, und bringe euch in euer Land zurück. Dann werdet ihr erkennen, daß ich der Herr bin. Was ich gesagt habe, führe ich auch aus, ich, der Herr.«

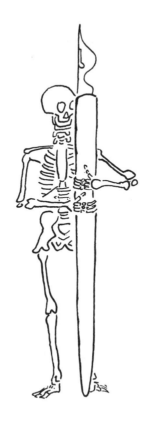

Abrechnung

König Belschazzar hatte die tausend
mächtigsten Männer seines Reiches
zu einem Gastmahl geladen. Er trank
mit ihnen Wein,
> und als er in Stimmung kam, befahl
> er, die goldenen und silbernen Gefäße
> herbeizubringen, die sein Vater Nebu-
> kadnezzar aus dem Tempel in Jerusa-
> lem geraubt hatte. Er wollte mit den
> geladenen Männern, seinen Frauen
> und Nebenfrauen daraus trinken.

Man brachte die geraubten Gefäße,
und alle tranken daraus Wein.
> Dabei priesen sie die Götter aus Gold,
> Silber, Bronze, Eisen, Holz und Stein.

Plötzlich wurde eine Hand sichtbar,
die etwas auf die gekalkte Wand des
Königspalastes schrieb. Es war genau
an der Stelle, auf die das volle Licht
des Leuchters fiel. Als der König die
schreibende Hand sah,
> wurde er bleich und erschrak so sehr,
> daß seine Knie zitterten.

Er rief durch den Saal, man solle die
Weisen Babylons, die Wahrsager,
Magier und Sterndeuter holen. Als sie
kamen, sagte er: Wer die Schrift an
der Wand lesen und erklären kann,
was sie bedeutet, wird in Purpur
gekleidet und bekommt eine goldene
Ehrenkette um den Hals. Er wird der
drittmächtigste Mann in meinem
Reich!
> Die babylonischen Weisen traten vor,
> aber sie konnten das Geschriebene
> nicht lesen und erst recht nicht
> seinen Sinn deuten.

Da erschrak König Belschazzar noch
mehr, und er wurde noch bleicher.
Auch die geladenen Männer waren
ratlos.
> Schließlich wurde Daniel herbeigeholt.
> Er sagte dem König: Ich werde dir
> die Schrift vorlesen und dir sagen,
> was sie bedeutet.

Du hast den höchsten Herrn herausgefordert und dir die heiligen Gefäße seines Tempels bringen lassen, du hast mit deinen führenden Männern, deinen Frauen und Nebenfrauen daraus Wein getrunken und die Götzen aus Gold, Silber, Bronze, Eisen, Holz und Stein gepriesen, die weder sehen noch hören können und auch keinen Verstand haben. Dem Gott aber, der dein Leben in der Hand hat und dein ganzes Schicksal bestimmt, hast du die Ehre verweigert.
> Deshalb hat er diese Hand geschickt und die Schrift an die Wand schreiben lassen.

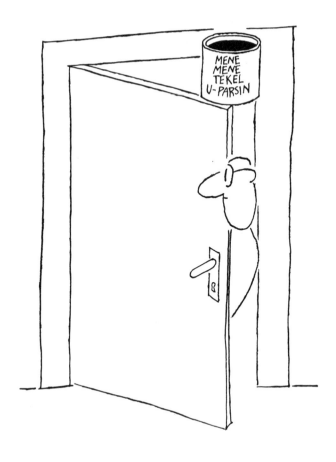

Gewogen und zu leicht befunden.

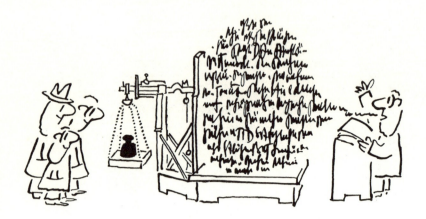

DANIEL 9,18

Rette unsre Seelen

Neige dein Ohr, mein Gott, und höre, tu deine Augen auf und sieh an unsere Trümmer und die Stadt, die nach deinem Namen genannt ist. Denn wir liegen vor dir mit unserm Gebet und vertrauen nicht auf unsre Gerechtigkeit, sondern auf deine große Barmherzigkeit.

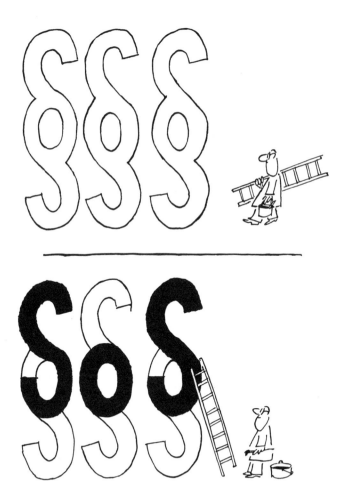

HOSEA 8,7

Gewitter am Horizont

Wer Wind sät, wird Sturm ernten: wer sich mit nichtigen Götzen abgibt, wird selbst vernichtet.

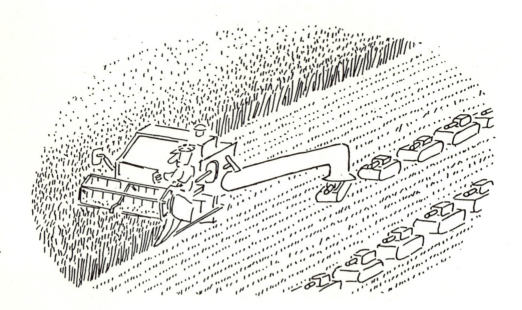

Die ersten
Schritte

Ich lehrte Ephraim gehen und nahm
ihn auf meine Arme; aber sie merk-
ten's nicht, wie ich ihnen half.
    Ich ließ sie ein menschliches Joch
ziehen und in Seilen der Liebe gehen
und half ihnen das Joch auf ihrem
Nacken tragen und gab ihnen Nahrung.

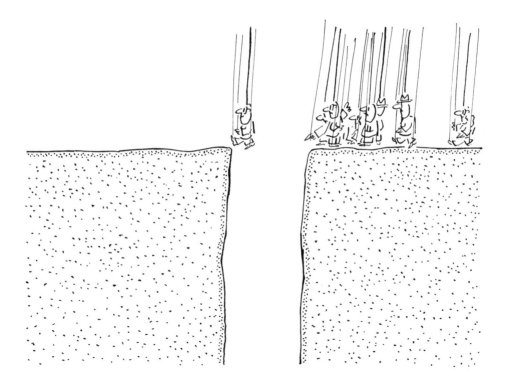

Frühlingsregen

Und nach diesem will ich meinen Geist ausgießen über alles Fleisch, und eure Söhne und Töchter sollen weissagen, eure Alten sollen Träume haben, und eure Jünglinge sollen Gesichte sehen.
    Auch will ich zur selben Zeit über Knechte und Mägde meinen Geist ausgießen.

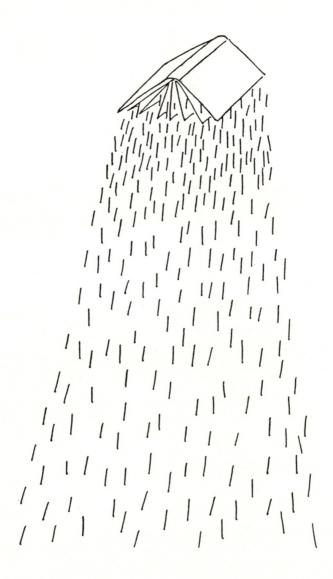

JOËL 3,5

Zuflucht

Und es soll geschehen: wer des Herrn Namen anrufen wird, der soll errettet werden. Denn auf dem Berge Zion und zu Jerusalem wird Errettung sein, wie der Herr verheißen hat, und bei den Entronnenen, die der Herr berufen wird.

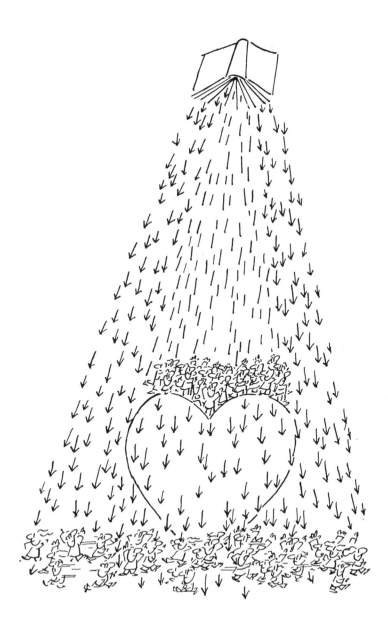

Trügerische Hoffnung

Weh euch, die ihr den Tag herbeisehnt, an dem der Herr eingreift! Meint ihr, das wird für euch ein Siegestag sein? Finsternis bringt euch dieser Tag und nicht Licht!
> Es wird euch ergehen wie dem Mann, der vor einem Löwen davonläuft und auf einen Bären trifft, und wenn er glücklich das Haus erreicht hat und sich an die Wand lehnt, beißt ihn eine Schlange.

Der Tag des Herrn bringt Finsternis und nicht Licht, ein schwarzer Tag ist er, auch nicht einen Schimmer von Hoffnung läßt er euch.

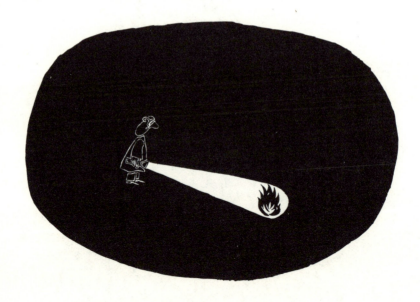

AMOS 8,1-2

Überreif

Noch etwas ließ Gott, der Herr, mich sehen;
es war ein Erntekorb voll Obst.
Er fragte mich: Amos, was siehst du?
Ich antwortete: Einen Korb mit reifem Obst. Da sagte der Herr: Ja, reif ist mein Volk – zum Gericht! Ohne Erbarmen will ich alles abernten.

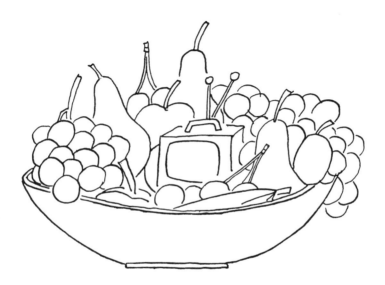

AMOS 8,11–12

Der Herr sagt: Es kommt die Zeit, da werde ich eine Not über das Land kommen lassen, die schlimmer ist als Hunger und Durst: Man wird nicht nach Brot hungern oder nach Wasser lechzen, sondern verzweifelt darauf warten, von mir das rettende Wort zu hören.

Die Leute werden im Land umherirren, vom Toten Meer bis zum Mittelmeer und vom Norden bis in den Osten. Sie werden überall nach einem Wort des Herrn fragen, aber keines zu hören bekommen.

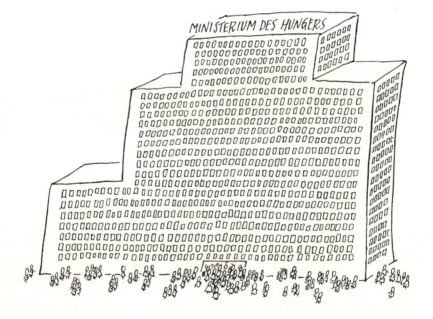

OBADJA 3–4

Der Herr sagt: Du bildest dir ein, du seist unbesiegbar, weil du in Felsklüften wohnst, auf unzugänglicher Höhe. Du denkst: »Mich kann keiner hier herunterholen!«

> Aber wenn du dein Nest auch so hoch anlegst wie der Adler, wenn du es selbst zwischen die Sterne am Himmel setzt – ich, der Herr, stürze dich in die Tiefe.

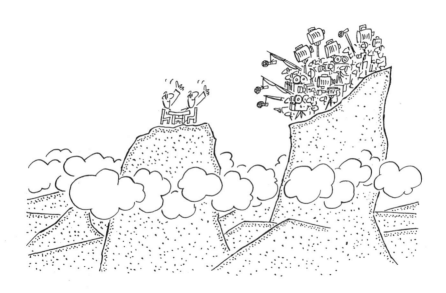

JONA 2,1–11

Jonas Gebet

Der Herr aber ließ einen großen Fisch kommen, der verschlang Jona. Drei Tage und drei Nächte lang war Jona im Bauch des Fisches.

Dort betete er zum Herrn, seinem Gott:

In meiner Not rief ich zu dir, Herr, und du hast mir geantwortet. Als schon der Tod nach mir griff, hast du meinen Hilfeschrei vernommen.

Du hattest mich mitten ins Meer geworfen, die Fluten umgaben mich; alle deine Wellen und Wogen schlugen über mir zusammen.

Ich dachte schon, du hättest mich aus deiner Nähe verstoßen, deinen heiligen Tempel würde ich nie mehr sehen.

Das Wasser ging mir bis an die Kehle. Ich versank im abgrundtiefen Meer, Schlingpflanzen wanden sich mir um den Kopf.

Ich sank hinunter bis zu den Fundamenten der Berge, und hinter mir schlossen sich die Riegel der Totenwelt. Aber du, Herr, mein Gott, hast mich lebendig aus der Grube gezogen.

Als mir die Sinne schwanden, dachte ich an dich, und mein Gebet drang zu dir in deinen heiligen Tempel.

Wer sich auf nichtige Götzen verläßt, bricht dir die Treue.

Ich aber will dir danken und dir die Opfer darbringen, die ich dir versprochen habe; denn du, Herr, bist mein Retter.

Da befahl der Herr dem Fisch, ans Ufer zu schwimmen und Jona wieder auszuspucken.

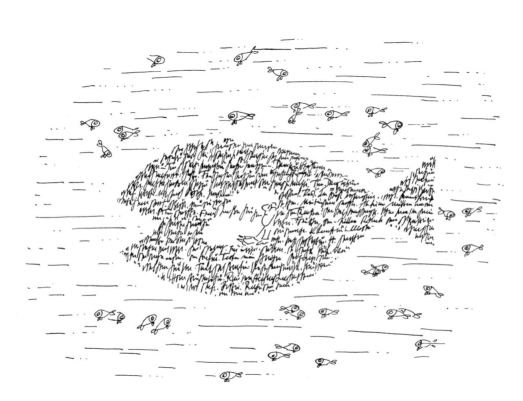

Der Schaulustige

Gott sah, daß die Menschen in Ninive sich
von ihrem bösen Treiben abwandten.
Da tat es ihm leid, sie zu vernichten,
und er führte seine Drohung nicht aus.
Das gefiel Jona gar nicht, und er
wurde zornig.
Er sagte: Ach Herr, genau das habe
ich vermutet, als ich noch zu Hause
war! Darum wollte ich ja auch nach
Spanien fliehen. Ich wußte es doch:
Du bist voll Güte und Erbarmen, du
hast Geduld mit den Menschen, deine
Liebe hat keine Grenzen. Du läßt dich
immer wieder umstimmen und
machst deine Drohungen nicht wahr.
Herr, ich mag nicht mehr weiterleben.
Ich möchte am liebsten tot sein!
Aber der Herr fragte ihn: Hast du ein
Recht dazu, so zornig zu sein?
Jona verließ die Stadt in Richtung
Osten. In einiger Entfernung hielt er
an und machte sich ein Laubdach. Er
setzte sich darunter in den Schatten,
um zu sehen, was mit der Stadt
geschehen würde.

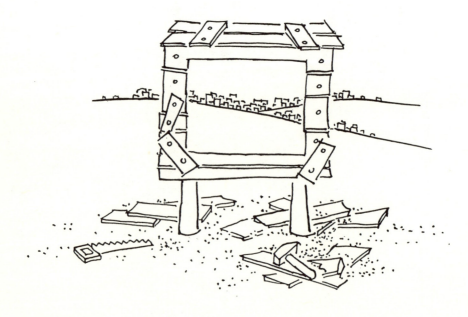

MICHA 5,9–12

Verlorener Halt

Der Herr sagt: Der Tag wird kommen,
da nehme ich eure Rosse weg
und vernichte eure Streitwagen,
> ich zerstöre eure Städte und schleife
> eure Festungen,

ich nehme euch die Zaubermittel und
Wahrsager.
> Ich zerschlage eure Götzenbilder und
> die geweihten Steine und Pfähle,
> damit ihr nicht mehr Dinge anbeten
> könnt, die ihr selbst geschaffen habt.

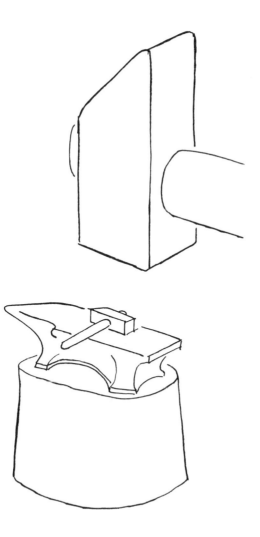

MICHA 6,12-15

Verlorene
Liebesmüh

Des Herrn Stimme ruft über die Stadt: Ihre Reichen tun viel Unrecht, und ihre Einwohner gehen mit Lügen um und haben falsche Zungen in ihrem Halse.

Darum will auch ich anfangen, dich zu plagen und dich um deiner Sünden willen wüst zu machen.

Du sollst essen und doch nicht satt werden. Und was du beiseite schaffst, wirst du doch nicht retten; und was du rettest, will ich doch dem Schwert preisgeben.

Du sollst säen und nicht ernten; du sollst Öl keltern und dich damit nicht salben und Wein keltern und ihn nicht trinken.

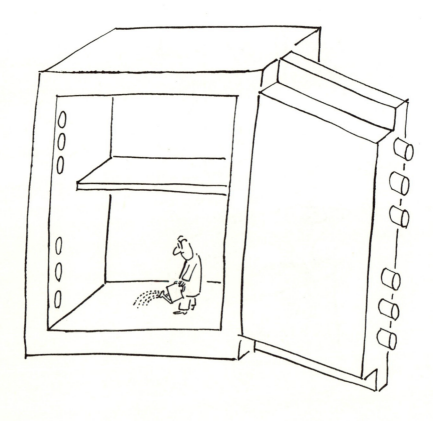

Rettung

Für die Seinen ist der Herr voll Güte,
eine sichere Zuflucht in aller Not.
Er sorgt für den, der bei ihm Schutz
sucht,
     auch wenn die Flut sich noch so drohend auftürmt. Die Stadt, die sich gegen ihn erhebt, reißt er nieder bis auf den Grund, und seine Feinde treibt er fort, hinunter ins Dunkel der Totenwelt.

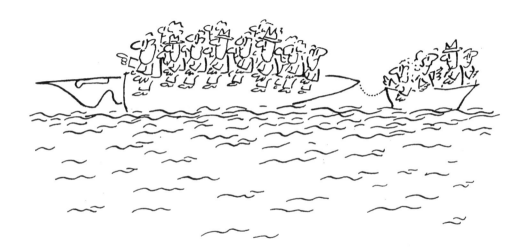

Am Ende des Fortschritts

Weh der Stadt, die so viel Blut vergossen hat, die Meister ist in Lüge und Verstellung! Vollgestopft ist sie mit Raub und kann doch das Rauben nicht lassen.
Ihr Untergang naht mit Peitschenknall und Rädergerassel, galoppierenden Pferden, rasenden Wagen und daherjagenden Reitern. Schwerter wie Flammen und blitzende Speere! Haufen von Gefallenen, man stolpert über die Leichen, sie sind nicht zu zählen!
Es geht an Ninive, die Hure, die mit ihren Reizen und Zauberkünsten die Völker versklavt hat.

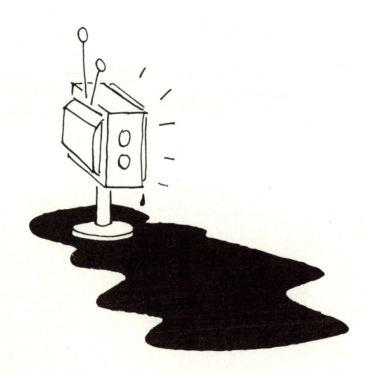

HABAKUK 1,2–4

Lug und Trug

Schon so lange, Herr, rufe ich zu dir um Hilfe, und du hörst mich nicht! Ich schreie: Gewalt regiert!, und du greifst nicht ein!
> Warum läßt du mich solch himmelschreiendes Unrecht erleben? Warum siehst du untätig zu, wie die Menschen geschunden werden? Wo ich hinsehe, herrschen Gewalt und Unterdrückung, Entzweiung und Streit.

Weil du nicht eingreifst, wird dein Gesetz mit Füßen getreten, und das Unrecht triumphiert. Verbrecher umzingeln den Unschuldigen; niemand verschafft ihm Recht.

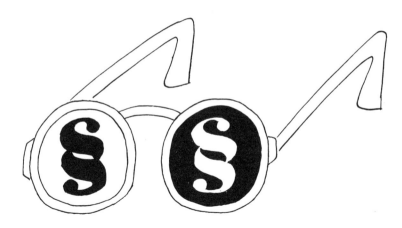

Befreiende Tat

Gott kommt von Teman her, der heilige Gott kommt vom Gebirge Paran. Seine Majestät überstrahlt den Himmel, sein Glanz erfüllt die ganze Erde.
Rings um ihn leuchtet es wie Sonnenlicht, nach allen Seiten strahlt es von ihm aus – darin verbirgt sich seine große Macht.
Die Pest geht vor ihm her, und hinter ihm folgt die Seuche.
Setzt er den Fuß auf die Erde, so bebt sie; blickt er die Heere der Völker an, so erschrecken sie und stieben auseinander. Die ewigen Berge zerbersten, die uralten Hügel sinken zusammen; so schreitet er seit grauer Vorzeit über die Erde.

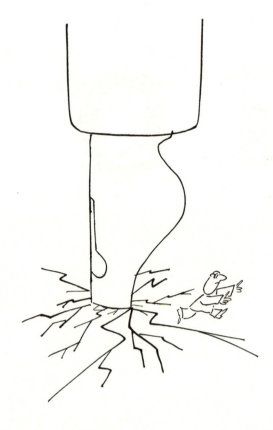

HABAKUK 3,17–18

Der kommende Tag

Noch gibt es keine Feigen oder Trauben,
noch kann man keine Oliven ernten,
noch wächst kein Korn auf unseren
Feldern, und die Schafhürden und
Viehställe stehen leer –
> und doch kann ich jubeln, weil Gott
> mir hilft; was er zugesagt hat, erfüllt
> mich mit Freude.

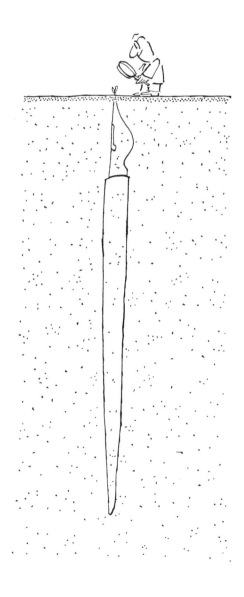

Wer bleibt

Der Herr sagt: Ich werde die Prahler und Angeber aus eurer Mitte entfernen, daß es keine Überheblichkeit mehr gibt auf meinem heiligen Berg.
<u>Nur ein Volk aus armen und demütigen Leuten lasse ich dort als Überrest Israels wohnen, Menschen, die auf mich ihre ganze Hoffnung setzen.</u>
Sie werden kein Unrecht tun und weder lügen noch betrügen. Sie werden in Glück und Frieden leben, kein Feind wird sie aufschrecken.

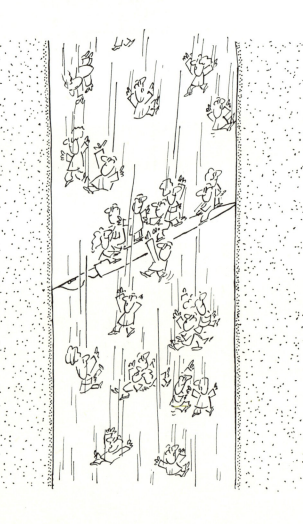

Notunterkunft

Haggai verkündete im Auftrag des Herrn: Gott, der Herr der ganzen Welt, sagt: »Dieses Volk behauptet, es sei noch zu früh, meinen Tempel wiederaufzubauen.

Aber es ist offenbar nicht zu früh, daß sie selbst in prächtigen Häusern wohnen, während mein Haus noch in Trümmern liegt!«

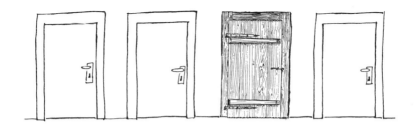

SACHARJA 2,14

Grund zur Freude

Freut euch und jubelt, ihr Bewohner Jerusalems! sagt der Herr. Ich komme und wohne mitten unter euch.

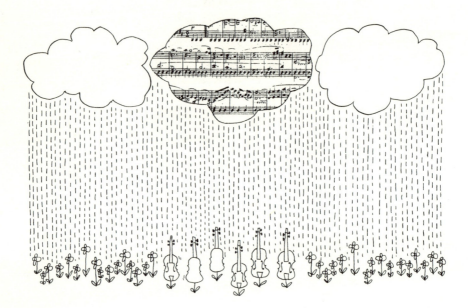

Durchschlagskraft

Als ich aufblickte, sah ich eine Buchrolle daherfliegen; sie war ganz entrollt.
Der Engel fragte mich: Was siehst du?
Ich antwortete: Eine Buchrolle, zehn Meter lang und fünf Meter breit.
Da sagte er: Darauf steht ein Fluch geschrieben, der jeden ereilt, der gestohlen oder einen Meineid geschworen hat. Zu lange schon sind diese Vergehen im ganzen Land unbestraft geblieben.

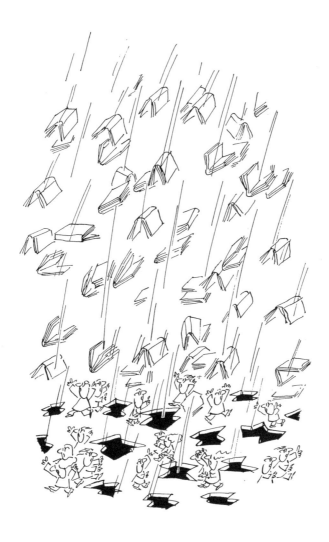

SACHARJA 8,4–8

Zukunftsvision

So spricht der Herr Zebaoth: Es sollen hinfort wieder sitzen auf den Plätzen Jerusalems alte Männer und Frauen, jeder mit seinem Stock in der Hand vor hohem Alter,

    und die Plätze der Stadt sollen voll sein von Knaben und Mädchen, die dort spielen.

So spricht der Herr Zebaoth: Erscheint dies auch unmöglich in den Augen derer, die in dieser Zeit übriggeblieben sind von diesem Volk, sollte es darum auch unmöglich erscheinen in meinen Augen? spricht der Herr Zebaoth.

    So spricht der Herr Zebaoth: Siehe, ich will mein Volk erlösen aus dem Lande gegen Aufgang und aus dem Lande gegen Niedergang der Sonne

und will sie heimbringen, daß sie in Jerusalem wohnen. Und sie sollen mein Volk sein, und ich will ihr Gott sein in Treue und Gerechtigkeit.

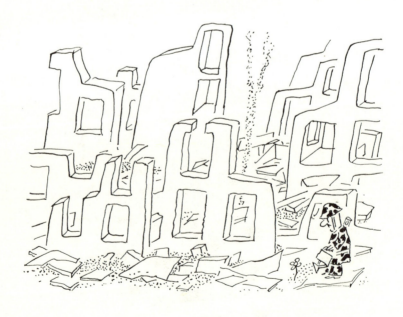

SACHARJA 10,1-2

Rettender Regen

Wendet euch an den Herrn, damit er den ersehnten Regen sendet! Denn der Herr ist es, der die Wetterwolken zusammenballt und Regen schickt; er läßt die Saat wachsen, damit jeder zu essen hat.

Es ist nutzlos, daß ihr Orakel befragt und euch an Wahrsager wendet; sie lügen euch etwas vor und spenden falschen Trost. Weil eure Vorfahren das getan haben, wurden sie weggetrieben wie eine Herde, die kein Hirt vor Raub und Gewalt schützt.

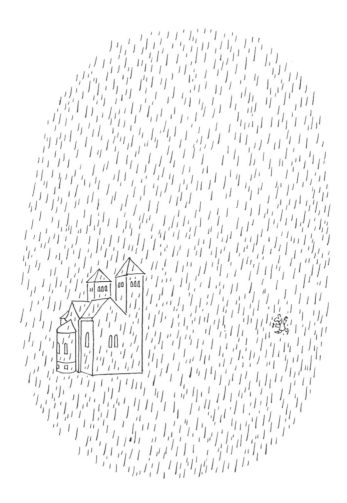

Auf dem Weg zum Schlachthof

Der Herr, mein Gott, sagte zu mir: Weide die Schafe, die zum Schlachten bestimmt sind!

Ihre Besitzer töten sie und machen sich kein Gewissen daraus; sie verkaufen sie und sagen: »Gepriesen sei der Herr! Wir haben ein gutes Geschäft gemacht!« Und auch die Hirten, denen die Besitzer ihre Schafe übergeben haben, gehen schonungslos mit der Herde um.

Der Herr sagt: Auch ich werde die Bewohner der Erde nicht mehr verschonen. Ich liefere jeden der Gewalt seiner Mitmenschen und seines Königs aus. Mögen diese die ganze Erde verwüsten, ich werde niemand aus ihrer Gewalt retten.

Ich folgte dem Befehl des Herrn und weidete die Schafe, die von den Viehhändlern zum Schlachten bestimmt waren. Ich nahm mir zwei Hirtenstöcke, den einen nannte ich »Freundschaft«, den anderen »Bruderschaft«, und damit weidete ich die Schafe.

Ich entfernte die drei schlechten Hirten in einem einzigen Monat. Aber ich verlor die Geduld mit den Schafen, denn sie wollten nichts von mir wissen.

Ich sagte: Ich will nicht mehr euer Hirte sein! Wer unbedingt sterben will, soll eben sterben; wer in die Irre gehen will, soll in die Irre gehen; und der Rest mag sich gegenseitig auffressen.

Darauf zerbrach ich den Stock mit Namen »Freundschaft« und hob damit den Waffenstillstand auf, den ich zugunsten Israels mit allen Völkern ringsum geschlossen hatte.

Die Wirkung war sofort zu spüren, und die Viehhändler, die gesehen hatten, wie ich den Stab zerbrach, erkannten, daß ich im Auftrag des Herrn gehandelt hatte.

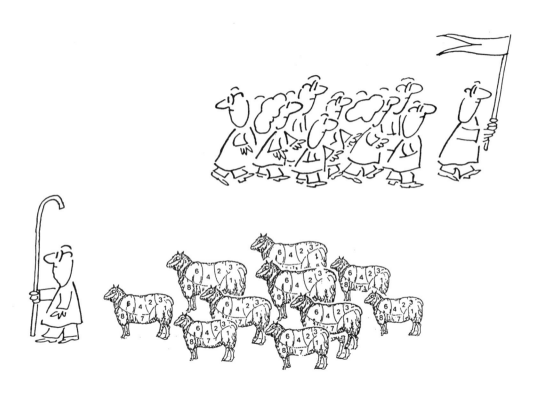

MALEACHI 2,8

Mißbrauch durch die Priester

Ihr aber habt euer Amt mißbraucht; ihr habt den Leuten falsche Weisungen erteilt und sie dadurch in Schuld gestürzt. So habt ihr den Bund gebrochen, den ich mit den Nachkommen Levis geschlossen habe.

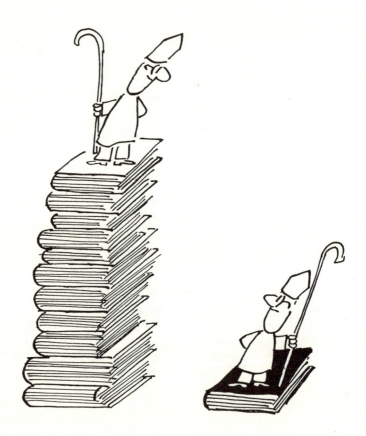

MALEACHI 3,22–24

Kurz vor zwölf

Der Herr sagt: Denkt an das Gesetz
meines Dieners Mose! Befolgt die
Gebote und Ordnungen, die ich ihm
am Berg Sinai für das ganze Volk
Israel gegeben habe!
> Ich sende euch den Propheten Elija,
> bevor der große und schreckliche Tag
> kommt, an dem ich, der Herr,
> Gericht halte.

Er wird das Herz der Eltern den
Kindern zuwenden und das Herz der
Kinder den Eltern. Er wird beide mit-
einander versöhnen, damit ich nicht
das ganze Volk vernichten muß,
wenn ich komme.

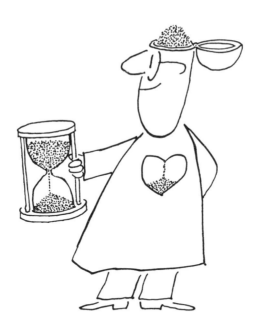

DAS NEUE TESTAMENT

MATTHÄUS 2,1-2

Ein neuer Stern

Jesus wurde in der Stadt Bethlehem in Judäa geboren, als König Herodes in Jerusalem regierte. Bald nach seiner Geburt kamen Sterndeuter aus dem Osten nach Jerusalem

und fragten: Wo finden wir das neugeborene Kind, den kommenden König der Juden? Wir haben seinen Stern aufgehen sehen und sind gekommen, um ihm zu huldigen.

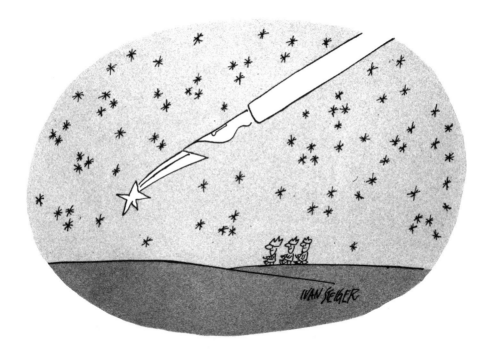

MATTHÄUS 2,9–10

Die Männer machten sich auf den Weg. Der Stern, den sie schon bei seinem Aufgehen beobachtet hatten, ging ihnen voraus. Genau über der Stelle, wo das Kind war, blieb er stehen.
    Als sie ihn dort sahen, kam eine große Freude über sie.

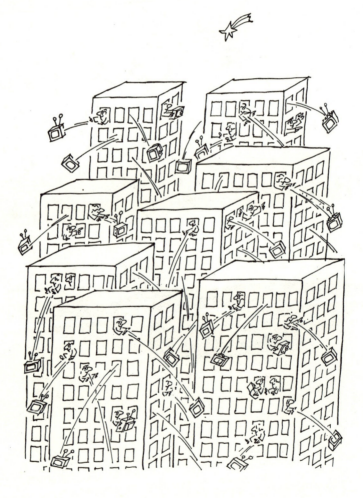

Vertrauen

Der Geist Gottes führte Jesus in die Wüste, wo er vom Teufel auf die Probe gestellt werden sollte.
Nachdem er vierzig Tage und Nächte nichts gegessen hatte, war er sehr hungrig.
Da trat der Versucher an ihn heran und sagte: Wenn du Gottes Sohn bist, dann befiehl doch, daß die Steine hier zu Brot werden.
Jesus antwortete: In den heiligen Schriften steht: »Es muß nicht Brot sein, wovon der Mensch lebt; er kann von jedem Wort leben, das Gott spricht«.

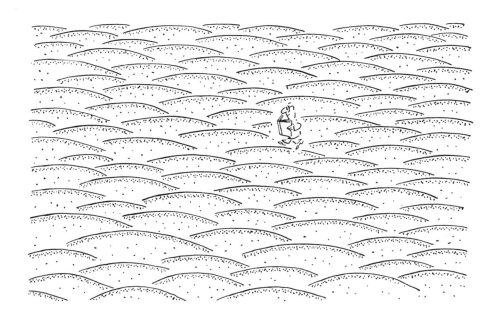

MATTHÄUS 5,14–16

Lichtquellen

Christus spricht: Ihr seid das Licht für die Welt. Eine Stadt, die auf einem Berg liegt, kann nicht verborgen bleiben.
Auch brennt keiner eine Lampe an, um sie dann unter eine Schüssel zu stellen. Im Gegenteil, man stellt sie auf einen erhöhten Platz, damit sie allen im Haus leuchtet.
Genauso muß auch euer Licht vor den Menschen leuchten: sie sollen eure guten Taten sehen und euren Vater im Himmel preisen.

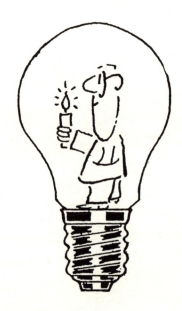

Feindesliebe

Ihr wißt, daß es heißt: »Liebe alle,
die dir nahestehen, und hasse alle,
die dir als Feinde gegenüberstehen«.
    Ich aber sage euch: Liebt eure Feinde
    und betet für die, die euch verfolgen.
So erweist ihr euch als Kinder eures
Vaters im Himmel. Denn er läßt die
Sonne scheinen auf böse wie auf gute
Menschen, und er läßt es regnen <u>auf
alle</u>, ob sie ihn ehren oder verachten.

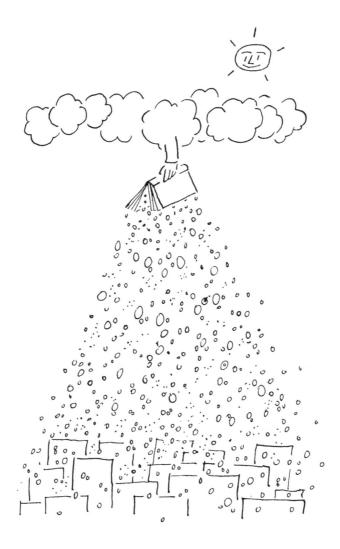

MATTHÄUS 6,19–21

Unvergänglicher Reichtum

Sammelt keine Reichtümer hier auf der Erde! Denn ihr müßt damit rechnen, daß Motten und Rost sie auffressen oder Einbrecher sie stehlen.
    Sammelt lieber Reichtümer bei Gott. Dort werden sie nicht von Motten und Rost zerfressen und können auch nicht von Einbrechern gestohlen werden.
Denn euer Herz wird immer dort sein, wo ihr euren Reichtum habt.

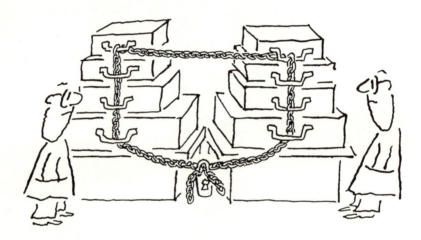

MATTHÄUS 6,24

Entscheidung

Niemand kann zwei Herren zugleich dienen. Er wird den einen vernachlässigen und den anderen bevorzugen. Er wird dem einen treu sein und den anderen hintergehen. Ihr könnt nicht beiden zugleich dienen: Gott und dem Geld.

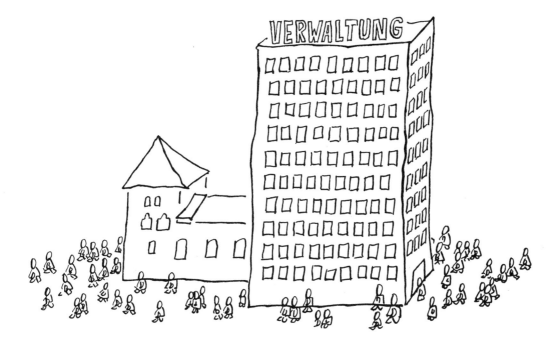

MATTHÄUS 6,25–27

Die Sorge
ums Dasein

Darum sage ich euch: Macht euch keine Sorgen um Essen und Trinken und um eure Kleidung. Das Leben ist mehr als Essen und Trinken, und der Körper ist mehr als die Kleidung.
Seht euch die Vögel an! Sie säen nicht, sie ernten nicht, sie sammeln keine Vorräte – aber euer Vater im Himmel sorgt für sie. Und ihr seid ihm doch viel mehr wert als alle Vögel!
Wer von euch kann durch Sorgen sein Leben auch nur um einen Tag verlängern?

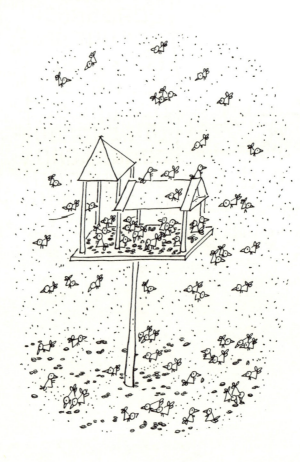

Entweder – oder

Angenommen, ein Baum ist gesund, dann kann man gute Früchte von ihm erwarten. Ist er aber krank, so kann man nur schlechte Früchte von ihm erwarten. An den Früchten erkennt man den Baum.

> Ihr Schlangenbrut! Wie solltet ihr Gutes reden können, wo ihr doch böse seid! Denn der Mund spricht nur aus, was das Herz erfüllt.

Ein guter Mensch bringt Gutes hervor, weil er im Innersten gut ist. Ein schlechter Mensch kann nur Böses hervorbringen, weil er von Grund auf böse ist.

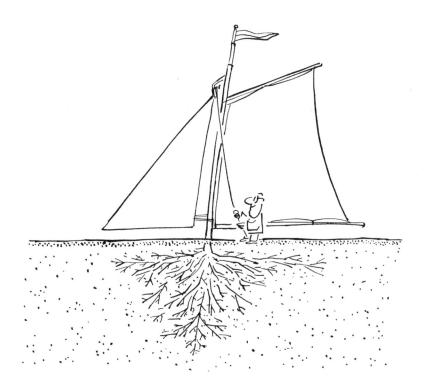

MATTHÄUS 12,36–37

Das sage ich euch: am Tag des Gerichts werden die Menschen sich verantworten müssen für jedes unnütze Wort, das sie gesprochen haben!
    Aufgrund deiner eigenen Worte wirst du dann freigesprochen oder verurteilt werden.

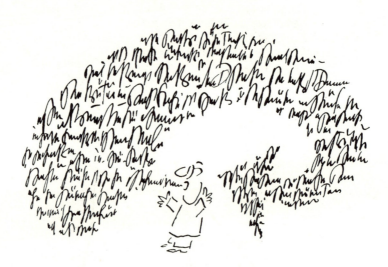

Zweifel

In der vierten Nachtwache kam Jesus
zu den Jüngern, die im Boot waren;
er ging auf dem See.
> Als ihn die Jünger über den See kommen sahen, erschraken sie, weil sie meinten, es sei ein Gespenst, und sie schrien vor Angst.

Doch Jesus begann mit ihnen zu
reden und sagte: Habt Vertrauen,
ich bin es; fürchtet euch nicht!
> Darauf erwiderte ihm Petrus: Herr, wenn du es bist, so befiehl, daß ich auf dem Wasser zu dir komme.

Jesus sagte: Komm! Da stieg Petrus
aus dem Boot und ging über das
Wasser auf Jesus zu.
> Als er aber sah, wie heftig der Wind war, bekam er Angst und begann unterzugehen. Er schrie: Herr, rette mich!

Jesus streckte sofort die Hand aus,
ergriff ihn und sagte zu ihm: Du Kleingläubiger, warum hast du gezweifelt?

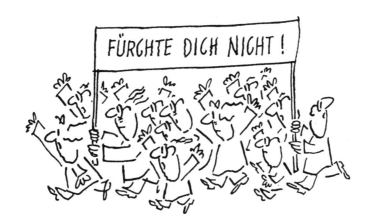

MATTHÄUS 15,12–14

Verblendet

Die Jünger kamen zu Jesus und sagten: Weißt du, daß die Pharisäer über deine Worte empört sind?
> Jesus antwortete: Alles, was mein Vater im Himmel nicht selbst gepflanzt hat, wird ausgerissen werden.
Laßt sie doch! Sie wollen Blinde führen und sind selbst blind. Wenn ein Blinder den anderen führt, fallen beide in die Grube.

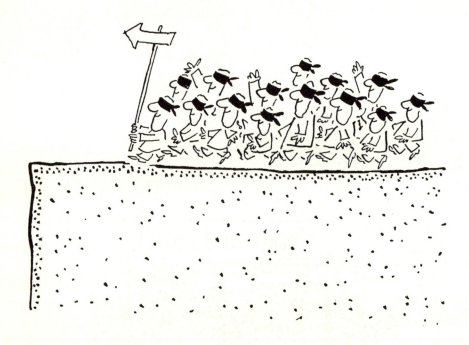

Gebet in der Gemeinde

Jesus sprach: Ich sage euch: Wenn zwei von euch auf der Erde gemeinsam um irgend etwas bitten, wird es ihnen von meinem Vater im Himmel gegeben werden.

Denn wo zwei oder drei in meinem Namen zusammenkommen, da bin ich selbst in ihrer Mitte.

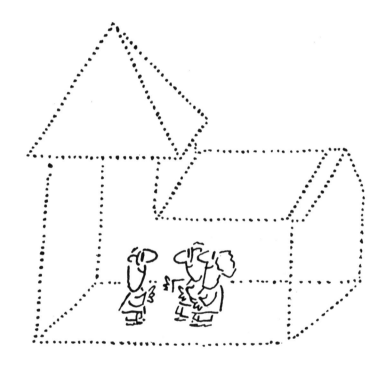

MATTHÄUS 20,1-16

Erste und Letzte

Mit dem Himmelreich ist es wie mit einem Gutsbesitzer, der früh am Morgen sein Haus verließ, um Arbeiter für seinen Weinberg anzuwerben.
Er einigte sich mit den Arbeitern auf einen Denar für den Tag und schickte sie in seinen Weinberg.
Um die dritte Stunde ging er wieder auf den Markt und sah andere dastehen, die keine Arbeit hatten.
Er sagte zu ihnen: Geht auch ihr in meinen Weinberg! Ich werde euch geben, was recht ist.
Und sie gingen. Um die sechste und um die neunte Stunde ging der Gutsherr wieder auf den Markt und machte es ebenso.
Als er um die elfte Stunde noch einmal hinging, traf er wieder einige, die dort herumstanden. Er sagte zu ihnen: Was steht ihr hier den ganzen Tag untätig herum?
Sie antworteten: Niemand hat uns angeworben. Da sagte er zu ihnen: Geht auch ihr in meinen Weinberg!
Als es nun Abend geworden war, sagte der Besitzer des Weinbergs zu seinem Verwalter: Ruf die Arbeiter, und zahl ihnen den Lohn aus, angefangen bei den letzten, bis hin zu den ersten.
Da kamen die Männer, die er um die elfte Stunde angeworben hatte, und jeder erhielt einen Denar.
Als dann die ersten an der Reihe waren, glaubten sie, mehr zu bekommen. Aber auch sie erhielten nur einen Denar.
Da begannen sie, über den Gutsherrn zu murren,
und sagten: Diese letzten haben nur eine Stunde gearbeitet, und du hast sie uns gleichgestellt; wir aber haben den ganzen Tag über die Last der Arbeit und die Hitze ertragen.

Da erwiderte er einem von ihnen:
Mein Freund, dir geschieht kein
Unrecht. Hast du nicht einen Denar
mit mir vereinbart?
    Nimm dein Geld und geh! Ich will
    dem letzten ebensoviel geben wie dir.
Darf ich mit dem, was mir gehört,
nicht tun, was ich will? Oder bist du
neidisch, weil ich zu anderen gütig
bin?
    So werden die Letzten die Ersten sein
    und die Ersten die Letzten.

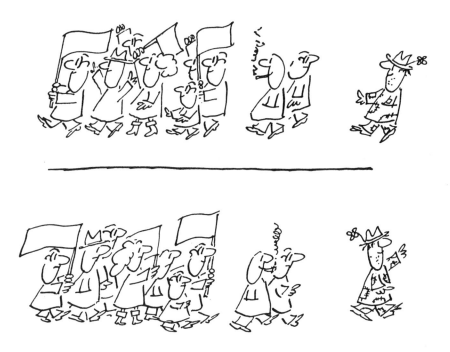

MATTHÄUS 23,8-12

Fromme Fassade

Ihr sollt euch nicht Rabbi nennen lassen; denn einer ist euer Meister; ihr aber seid alle Brüder. Und ihr sollt niemanden unter euch Vater nennen auf Erden; denn einer ist euer Vater, der im Himmel ist. Und ihr sollt euch nicht Lehrer nennen lassen; denn einer ist euer Lehrer: Christus. Der größte unter euch soll euer Diener sein. Denn wer sich selbst erhöht, der wird erniedrigt; und wer sich selbst erniedrigt, der wird erhöht.

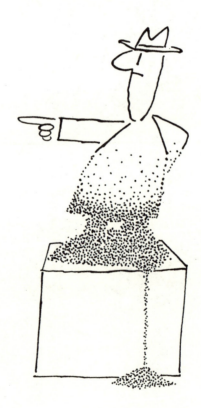

MATTHÄUS 24,35

Wovon wir leben

Himmel und Erde werden vergehen, aber meine Worte werden nicht vergehen.

Vorbereitung

Johannes trug ein Gewand aus Kamelhaaren mit einem Ledergürtel und ernährte sich von Heuschrecken und dem Honig wilder Bienen.
Er kündigte an: Nach mir kommt der, der viel mächtiger ist als ich. Ich bin nicht gut genug, mich zu bücken und ihm die Schuhe aufzubinden.
Ich habe euch mit Wasser getauft; er wird euch mit heiligem Geist taufen.

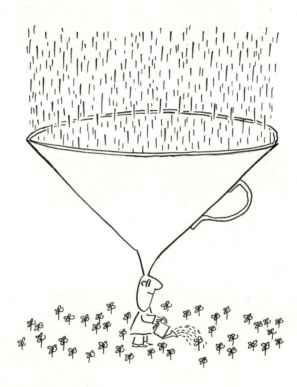

MARKUS 1,15

Ruf zur Umkehr

Christus spricht: Es ist soweit: Jetzt will Gott seine Herrschaft aufrichten und sein Werk vollenden. Ändert euer Leben und glaubt diese gute Nachricht!

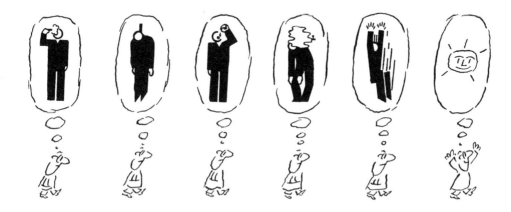

MARKUS 4,1-9

Gleichnis zum Mitdenken...

Wieder einmal war Jesus am See und wollte zu den Menschen sprechen. Es hatten sich aber so viele angesammelt, daß er sich in ein Boot setzen und ein Stück vom Ufer abstoßen mußte. Die Menge blieb am Ufer,
    und er erklärte ihnen vieles von seiner Botschaft mit Hilfe von Gleichnissen.
Unter anderem sagte er:
Hört zu! Ein Bauer ging aufs Feld, um zu säen.
    Als er die Körner ausstreute, fiel ein Teil von ihnen auf den Weg. Die Vögel kamen und pickten sie auf.
Andere fielen auf felsigen Grund, der nur mit einer dünnen Erdschicht bedeckt war. Sie gingen rasch auf;
    als aber die Sonne hochstieg, vertrockneten die jungen Pflanzen, weil sie nicht genügend Erde hatten.
Wieder andere fielen in Dorngestrüpp, das bald die Pflanzen überwucherte und erstickte, so daß sie keine Frucht brachten.
    Doch nicht wenige fielen auch auf guten Boden; sie gingen auf, wuchsen und brachten Frucht. Manche brachten dreißig Körner, andere sechzig, wieder andere hundert.
Und Jesus sagte: Wer hören kann, soll gut zuhören.

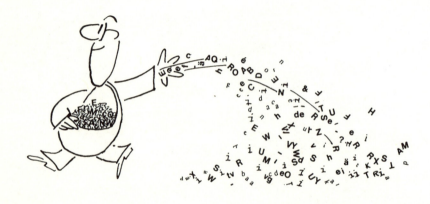

... und Umdenken

Jesus erklärte: Der Sämann sät
die Botschaft Gottes aus.
> Manchmal fallen die Worte auf den
> Weg. So ist es bei den Menschen, die
> die Botschaft zwar hören, aber dann
> kommt sofort der Satan und reißt
> alles aus, was in sie gesät wurde.

Bei anderen ist es wie bei dem
Samen, der auf felsigen Grund fällt.
Sie hören die Gute Nachricht und
nehmen sie sogleich mit Freuden an;
> aber sie kann in ihnen keine Wurzeln
> schlagen, weil diese Leute unbestän-
> dig sind. Wenn sie der Botschaft
> wegen in Schwierigkeiten geraten
> oder verfolgt werden, werden sie
> gleich an ihr irre.

<u>Bei anderen ist es wie bei dem
Samen, der in das Dornengestrüpp
fällt. Sie hören zwar die Gute Nachricht,</u>
> <u>aber sie verlieren sich in ihren Alltags-
> sorgen,</u> lassen sich vom Reichtum ver-
> führen und leben nur für ihre Wün-
> sche. Dadurch wird die Botschaft
> erstickt und bleibt wirkungslos.

Bei anderen schließlich ist es wie bei
dem Samen, der auf guten Boden
fällt. Sie hören die Botschaft Gottes,
nehmen sie an und bringen Frucht,
manche dreißigfach, andere sechzig-
fach, wieder andere hundertfach.

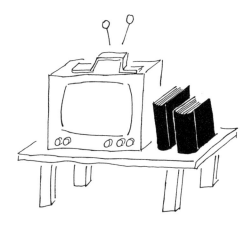

Maßstäbe

Jesus sprach: Mit welchem Maß ihr meßt, wird man euch wieder messen, und man wird euch noch dazugeben.

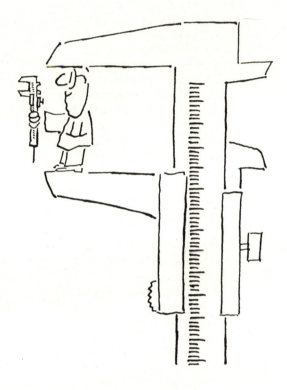

MARKUS 7,18–23

Was macht unrein?

Jesus sagte: Das, was der Mensch von außen in sich aufnimmt, kann ihn nicht unrein machen,
> weil es nicht in sein Herz, sondern nur in den Magen gelangt und dann vom Körper wieder ausgeschieden wird. Damit erklärte Jesus, daß alle Speisen vor Gott rein sind.

Aber das, fuhr er fort, was aus dem Menschen selbst kommt, macht ihn unrein.
> Denn aus ihm selbst, aus seinem Herzen, kommen die bösen Gedanken, und mit ihnen Unzucht, Diebstahl, Mord,

Ehebruch, Habsucht und andere schlimme Dinge wie Betrug, Lüsternheit, Neid, Verleumdung, Überheblichkeit und Unvernunft.
> All das kommt aus dem Innern des Menschen und macht ihn unrein.

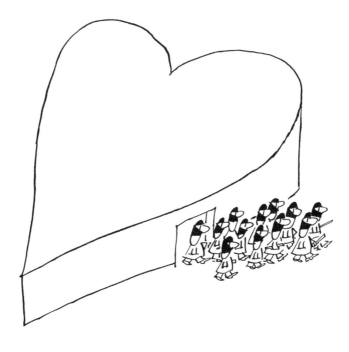

MARKUS 8,34–35

Vom Nachfolgen

Jesus rief zu sich das Volk samt seinen Jüngern und sprach zu ihnen: Wer mir nachfolgen will, der verleugne sich selbst und nehme sein Kreuz auf sich und folge mir nach.
Denn wer sein Leben erhalten will, der wird's verlieren; und wer sein Leben verliert um meinetwillen und um des Evangeliums willen, der wird's erhalten.

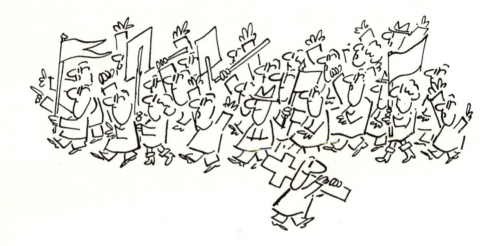

MARKUS 8,36–37

Gewinn und Verlust

Denn was hülfe es dem Menschen,
wenn er die ganze Welt gewönne und
nähme an seiner Seele Schaden?
    Denn was kann der Mensch geben,
womit er seine Seele auslöse?

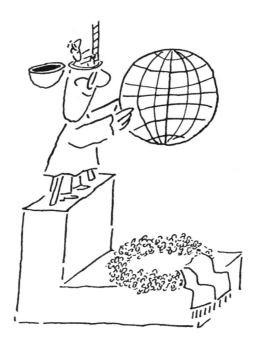

MARKUS 10,13–16

Kinder als Vorbild

Man brachte Kinder zu ihm, damit er ihnen die Hände auflegte. Die Jünger aber wiesen die Leute schroff ab.
Als Jesus das sah, wurde er unwillig und sagte zu ihnen: Laßt die Kinder zu mir kommen; hindert sie nicht daran! Denn Menschen wie ihnen gehört das Reich Gottes.
Amen, das sage ich euch: Wer das Reich Gottes nicht so annimmt wie ein Kind, der wird nicht hineinkommen.
Und er nahm die Kinder in seine Arme; dann legte er ihnen die Hände auf und segnete sie.

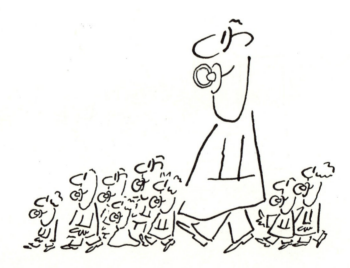

MARKUS 10,42-44

Übersetzungen

Jesus rief die Jünger zu sich und
sagte: Wie ihr wißt, unterdrücken die
Herrscher ihre Völker, und die Großen
mißbrauchen ihre Macht.
    Aber so soll es bei euch nicht sein.
    Wer von euch etwas Besonderes sein
    will, der soll den anderen dienen,
und wer von euch an der Spitze stehen
will, soll sich allen unterordnen.

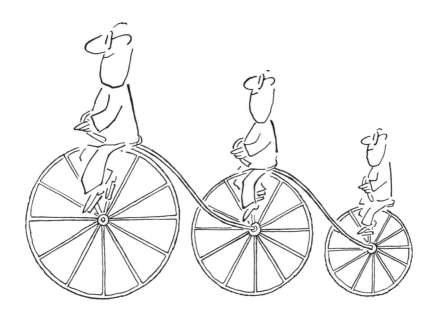

MARKUS 10,35–45

Erste Wahl

Jakobus und Johannes, die Söhne des Zebedäus, traten zu Jesus und sagten: Meister, wir möchten, daß du uns eine Bitte erfüllst.
    Er antwortete: Was soll ich für euch tun?
Sie sagten zu ihm: Laß in deinem Reich einen von uns rechts und den anderen links neben dir sitzen.
    Jesus erwiderte: Ihr wißt nicht, um was ihr bittet. Könnt ihr den Kelch trinken, den ich trinke, oder die Taufe auf euch nehmen, mit der ich getauft werde?
Sie antworteten: Wir können es. Da sagte Jesus zu ihnen: Ihr werdet den Kelch trinken, den ich trinke, und die Taufe empfangen, mit der ich getauft werde.
    Doch den Platz zu meiner Rechten und zu meiner Linken habe nicht ich zu vergeben; dort werden die sitzen, für die diese Plätze bestimmt sind.
Als die zehn anderen Jünger das hörten, wurden sie sehr ärgerlich über Jakobus und Johannes.
    Da rief Jesus sie zu sich und sagte: Ihr wißt, daß die, die als Herrscher gelten, ihre Völker unterdrücken und die Mächtigen ihre Macht über die Menschen mißbrauchen.
Bei euch aber soll es nicht so sein, sondern wer bei euch groß sein will, der soll euer Diener sein,
    und wer bei euch der Erste sein will, soll der Sklave aller sein.
Denn auch der Menschensohn ist nicht gekommen, um sich dienen zu lassen, sondern um zu dienen und sein Leben hinzugeben als Lösegeld für viele.

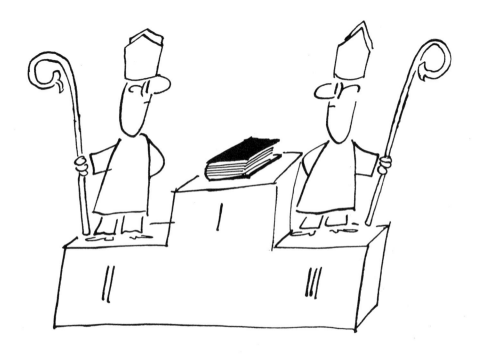

MARKUS 12,13–17

Steuererklärung

Einige Pharisäer und Parteigänger von Herodes wurden zu Jesus geschickt, um ihm mit einer Frage eine Falle zu stellen.

Sie kamen zu ihm und sagten: Lehrer, wir wissen, daß es dir nur um die Wahrheit geht. Du läßt dich nicht von Menschen beeinflussen, auch wenn sie noch so mächtig sind, sondern sagst jedem klar und deutlich, wie er nach Gottes Willen leben soll. Nun sag uns: Ist es nach dem Gesetz Gottes erlaubt, dem römischen Kaiser Steuern zu zahlen oder nicht? Sollen wir es tun oder nicht?

Jesus erkannte ihre Falschheit und sagte: Ihr wollt mir doch nur eine Falle stellen! Gebt mir eine Silbermünze, damit ich sie ansehen kann.

Sie gaben ihm eine, und er fragte: Wessen Bild und Name ist hier aufgeprägt? Des Kaisers, antworteten sie.

Da sagte Jesus: Dann gebt dem Kaiser, was dem Kaiser gehört, aber gebt Gott, was Gott gehört. Solch eine Antwort hatten sie nicht von ihm erwartet.

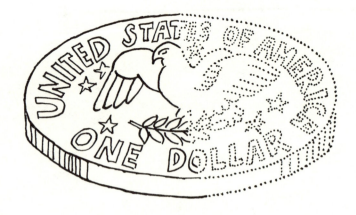

MARKUS 12,38-40

Jesus warnt vor den Gesetzeslehrern

Die Menschenmenge hörte Jesus gerne zu. Als er zu ihnen redete, warnte er sie: Nehmt euch in acht vor den Gesetzeslehrern! Sie zeigen sich gern in ihren Talaren und lassen sich auf der Straße respektvoll grüßen. Beim Gottesdienst sitzen sie in der ersten Reihe, und bei Festmählern nehmen sie die Ehrenplätze ein. Sie sprechen lange Gebete, um einen guten Eindruck zu machen; in Wahrheit aber sind sie Betrüger, die hilflose Witwen um ihren Besitz bringen. Sie werden einmal besonders streng bestraft werden.

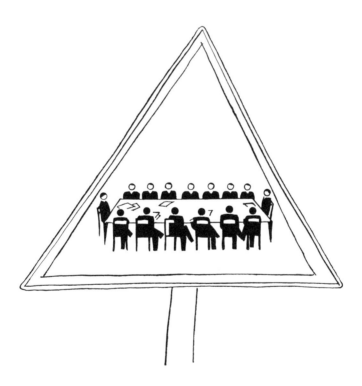

MARKUS 13,4-6

Ruf zur
Wachsamkeit

Die Jünger fragten Jesus:
Woran können wir erkennen,
daß das Ende nahe ist?
Jesus antwortete ihnen:
Seid auf der Hut und laßt euch
von niemand täuschen!
Viele werden mit meinem Anspruch
auftreten und behaupten: »Ich bin es!«
Damit werden sie viele irreführen.

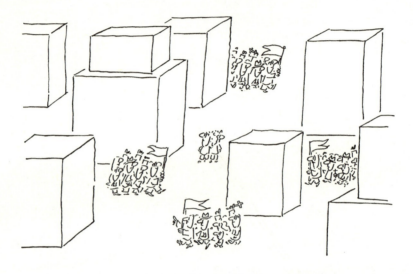

Der gesunde Kranke

Jesus sagte: Nicht die Gesunden brauchen den Arzt, sondern die Kranken. Ich soll nicht die zur Umkehr einladen, bei denen alles in Ordnung ist, sondern die ausgestoßenen Sünder.

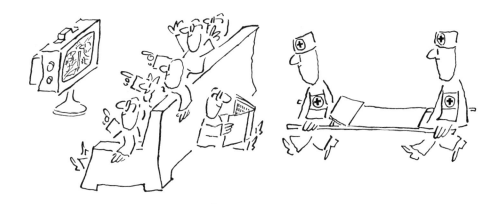

Liebe zu den Feinden

Jesus sprach: Euch, die ihr mir zuhört,
sage ich: Liebt eure Feinde;
tut denen Gutes, die euch hassen;
segnet die, die euch verfluchen, und
betet für alle, die euch schlecht behandeln.
Wenn dich einer auf die Backe
schlägt, dann halte ihm auch die
andere hin. Wenn dir jemand die
Jacke wegnimmt, dann gib ihm noch
das Hemd dazu.
Wenn einer dich um etwas bittet,
dann gib es ihm, und wenn einer dir
etwas wegnimmt, dann fordere es
nicht zurück.
Behandelt jeden so, wie ihr selbst von
ihm behandelt sein wollt.

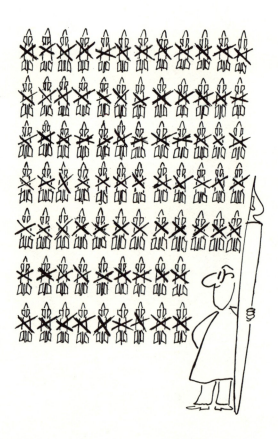

Das innere Licht

Das Auge vermittelt dem Menschen das Licht. Ist das Auge klar, steht der ganze Mensch im Licht; ist es getrübt, steht der ganze Mensch im Dunkeln.
    Nun gib acht, daß dein inneres Auge – dein Herz – nicht blind wird!
Wenn der ganze Mensch im Licht steht und nichts mehr an ihm dunkel ist, dann ist er so hell, wie wenn das Licht der Lampe direkt auf ihn fällt.

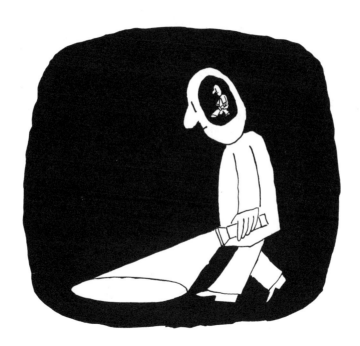

Warnung vor Scheinheiligkeit

Weh euch, ihr Gesetzeslehrer! Ihr habt den Schlüssel weggenommen, der die Tür zur Erkenntnis öffnet. Ihr selbst geht nicht hinein, und ihr hindert alle, die hineinwollen.

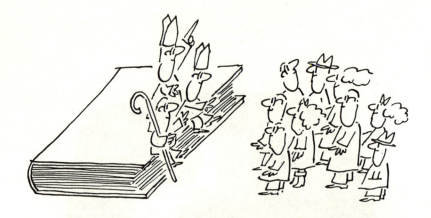

LUKAS 12,22-25

Lebens-Mittel

Dann sprach Jesus wieder zu seinen Jüngern: Darum sage ich euch: Macht euch keine Sorgen um Nahrung und Kleidung.
> Das Leben ist wichtiger als Essen und Trinken, und der Körper ist wichtiger als die Kleidung.

Seht euch die Raben an! Sie säen nicht und ernten nicht, sie haben weder Scheune noch Vorratskammer. Aber Gott sorgt für sie. Und ihr seid ihm doch viel mehr wert als alle Vögel!
> Wer von euch kann durch Sorgen sein Leben auch nur um einen Tag verlängern?

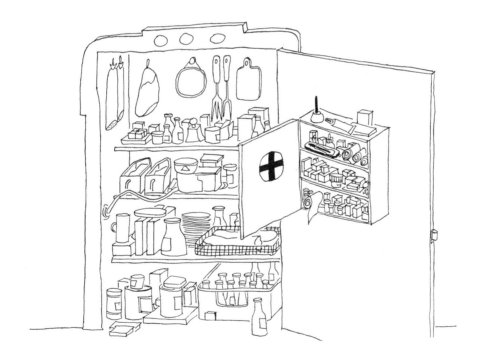

Der wahre Reichtum

Verkauft euren Besitz und schenkt das Geld den Armen! Verschafft euch Geldbeutel, die kein Loch bekommen, und sammelt Reichtümer bei Gott, die euch nicht zwischen den Fingern zerrinnen und nicht von Dieben gestohlen und von Motten zerfressen werden können.
Denn euer Herz wird immer dort sein, wo ihr euren Reichtum habt.

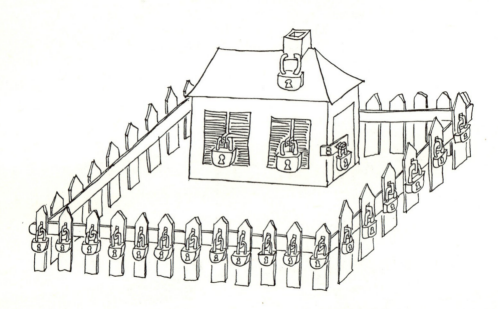

Es kann zu spät sein

Jesus sagte zu der Volksmenge: Wenn ihr eine Wolke im Westen seht, sagt ihr gleich: »Es wird regnen«, und dann regnet es auch.
> Wenn der Südwind aufkommt, sagt ihr: »Es wird heiß«, und so geschieht es auch.

Ihr Scheinheiligen! Das Aussehen von Himmel und Erde könnt ihr beurteilen und schließt daraus, wie das Wetter wird. Warum versteht ihr dann nicht, was die Ereignisse dieser Zeit ankündigen?

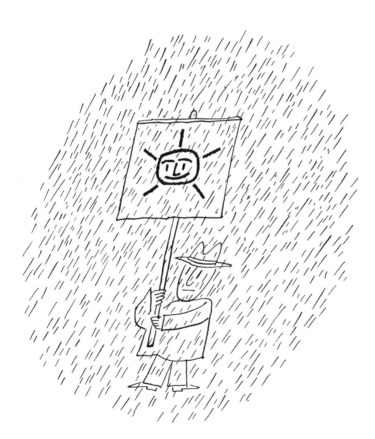

Im Anfang war das Wort, und das Wort war bei Gott, und Gott war das Wort.
　　Dasselbe war im Anfang bei Gott. Alle Dinge sind durch dasselbe gemacht, und ohne dasselbe ist nichts gemacht, was gemacht ist.
　　Und das Wort ward Fleisch und wohnte unter uns, und wir sahen seine Herrlichkeit, eine Herrlichkeit als des eingeborenen Sohnes vom Vater, voller Gnade und Wahrheit.

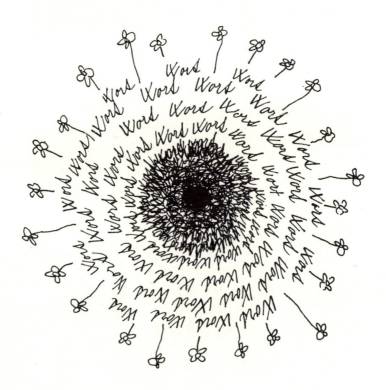

JOHANNES 1,5

Und das Licht scheint in der
Finsternis, und die Finsternis
hat's nicht ergriffen.

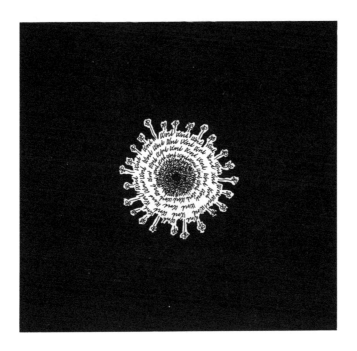

JOHANNES 1,6–8

Es war ein Mensch, von Gott gesandt,
der hieß Johannes.
    Der kam zum Zeugnis, um von dem
    Licht zu zeugen, damit sie alle durch
    ihn glaubten.
Er war nicht das Licht, sondern er
sollte zeugen von dem Licht.

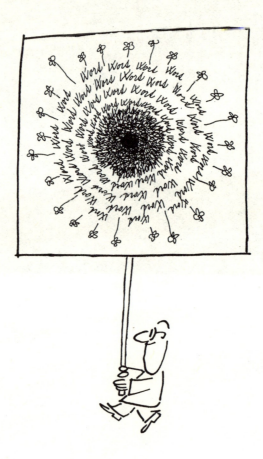

JOHANNES 3,3-6

Neu geboren

Jesus sagte zu Nikodemus: Ich versichere dir: nur wer von neuem geboren ist, wird Gottes neue Welt zu sehen bekommen.

    Wie kann ein erwachsener Mensch noch einmal geboren werden? fragte Nikodemus. Er kann doch nicht in den Leib seiner Mutter zurückkehren und ein zweites Mal auf die Welt kommen!

Jesus sagte: Ich versichere dir: nur wer von Wasser und Geist geboren wird, kann in Gottes neue Welt hineinkommen.

    Was Menschen zur Welt bringen, ist und bleibt menschlich. Geistliches aber kann nur vom Geist Gottes geboren werden.

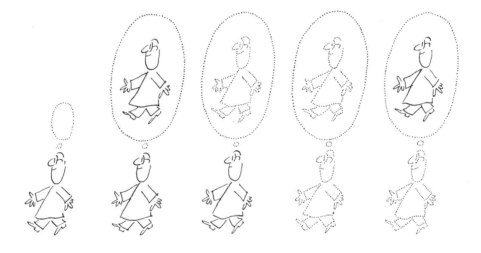

JOHANNES 3,6

Was aus dem Fleisch geboren ist, das ist Fleisch; was aber aus dem Geist geboren ist, das ist Geist.

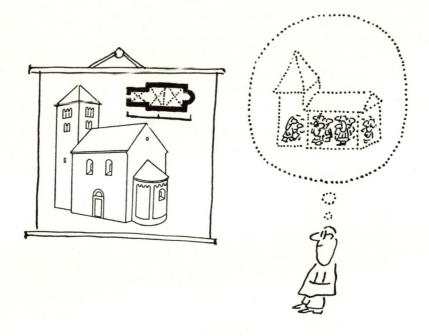

JOHANNES 3,19-21

Mit dem Gericht verhält es sich so:
Das Licht kam in die Welt, und die
Menschen liebten die Finsternis mehr
als das Licht; denn ihre Taten waren
böse.
    Jeder, der Böses tut, haßt das Licht
    und kommt nicht zum Licht, damit
    seine Taten nicht aufgedeckt werden.
<u>Wer aber die Wahrheit tut, kommt
zum Licht</u>, damit offenbar wird, daß
seine Taten in Gott vollbracht sind.

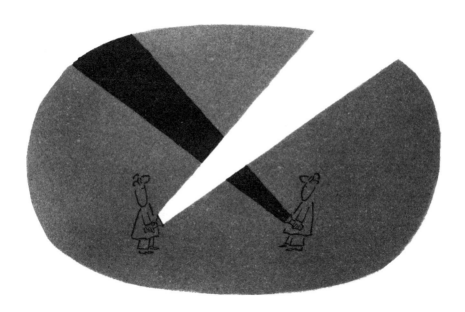

JOHANNES 5,38–40

Beweise und Hinweise

Christus spricht: Gottes Wort lebt nicht in euch, weil ihr nicht dem vertraut, den er gesandt hat.
<u>Ihr forscht in den heiligen Schriften und seid überzeugt, in ihnen das ewige Leben zu finden</u> – und gerade sie weisen auf mich hin.
Aber ihr seid nicht bereit, zu mir zu kommen, um das Leben zu finden.

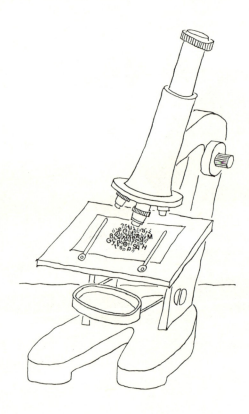

JOHANNES 7,17–18

In wessen Auftrag redest du?

Wer bereit ist, Gott zu gehorchen, wird merken, ob meine Lehre von Gott ist oder ob ich meine eigenen Gedanken vortrage.
    Wer seine eigenen Gedanken vorträgt, dem geht es um die eigene Ehre. Wer aber nur die Ehre dessen sucht, der ihn gesandt hat, ist vertrauenswürdig.

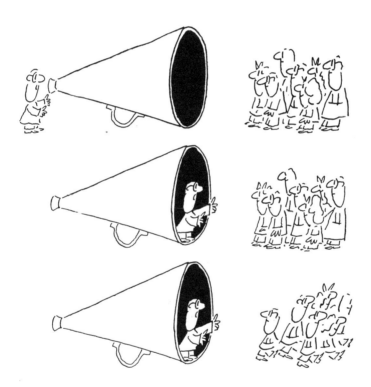

JOHANNES 12,24–26

Sterben, um Frucht zu bringen

Christus spricht: Wahrlich, wahrlich, ich sage euch: Wenn das Weizenkorn nicht in die Erde fällt und erstirbt, bleibt es allein; wenn es aber erstirbt, bringt es viel Frucht.
Wer sein Leben lieb hat, der wird's verlieren; und wer sein Leben auf dieser Welt haßt, der wird's erhalten zum ewigen Leben.
Wer mir dienen will, der folge mir nach; und wo ich bin, da soll mein Diener auch sein. Und wer mir dienen wird, den wird mein Vater ehren.

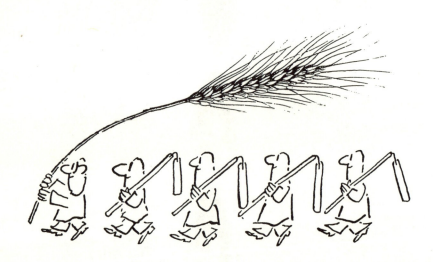

JOHANNES 12,25

Das Leben gewinnen

Wer sein Leben lieb hat, der wird's verlieren; und wer sein Leben auf dieser Welt haßt, der wird's erhalten zum ewigen Leben.

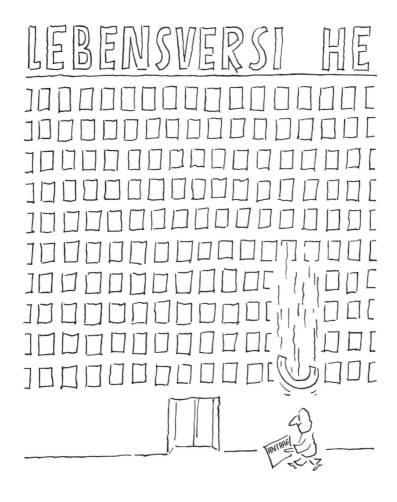

JOHANNES 12,47

In Sicherheit

Christus spricht: Ich bin nicht als Richter in die Welt gekommen, sondern als Retter.

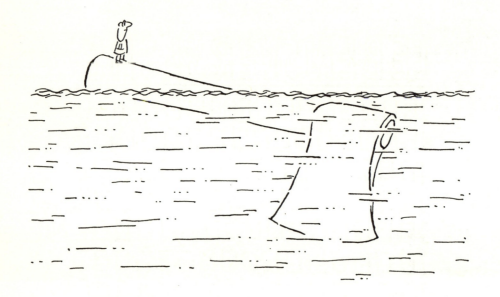

JOHANNES 13,34–35

Neue Formen
– neue Normen

Ich gebe euch jetzt ein neues Gebot, das Gebot der Liebe. Ihr sollt einander genauso lieben, wie ich euch geliebt habe.

Wenn ihr einander liebt, werden alle erkennen, daß ihr meine Jünger seid.

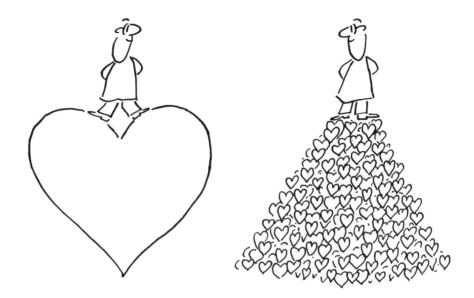

JOHANNES 14,6

Jesus spricht: Ich bin der Weg und die Wahrheit und das Leben; niemand kommt zum Vater denn durch mich.

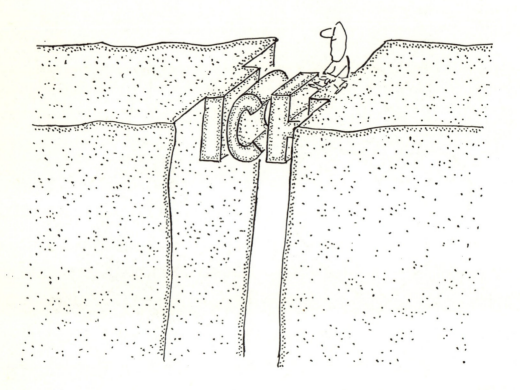

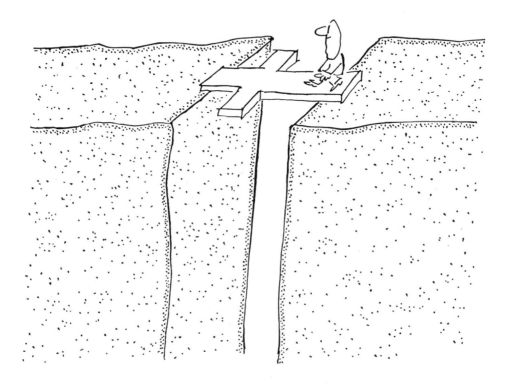

JOHANNES 15,7-9

Wenn ihr mit mir vereint bleibt und meine Worte in euch lebendig sind, könnt ihr den Vater um alles bitten, was ihr wollt, und ihr werdet es bekommen.
<u>Wenn ihr reiche Frucht bringt, erweist ihr euch als meine Jünger,</u>
und so wird die Herrlichkeit meines Vaters sichtbar.
Ich liebe euch so, wie der Vater mich liebt. Bleibt in dieser Liebe!

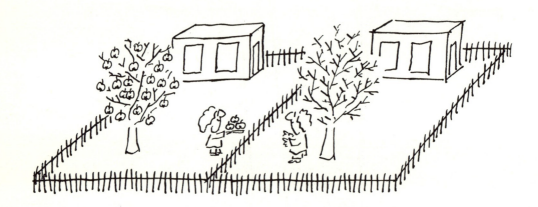

JOHANNES 20,29

Selig sind, die nicht sehen und doch glauben!

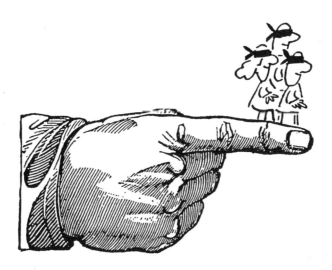

Auf Christus bezieht sich das Wort
in den heiligen Schriften: »Der Stein,
den die Bauleute – das seid ihr! – als
unbrauchbar weggeworfen haben,
ist zum tragenden Stein geworden«.
Jesus Christus und sonst keiner kann
die Rettung bringen. Auf der ganzen
Welt hat Gott keinen anderen Namen
bekanntgemacht, durch den wir
gerettet werden könnten.

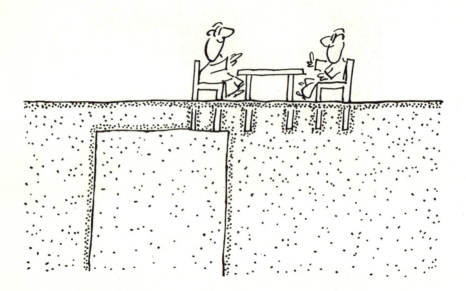

APOSTELGESCHICHTE 5,29

Man muß Gott mehr gehorchen
als den Menschen.

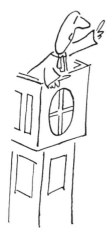

APOSTELGESCHICHTE 7,48–50

Wo Gott wohnt

Der höchste Gott wohnt nicht in Häusern, die von Menschen gemacht sind. Durch den Propheten Jesaja hat er gesagt:
> »Der Himmel ist mein Thron, die Erde mein Fußschemel. Was für ein Haus wollt ihr da für mich bauen? Wo ist die Wohnung, in der ich Raum finden könnte?

Habe ich nicht mit eigener Hand Himmel und Erde geschaffen?«

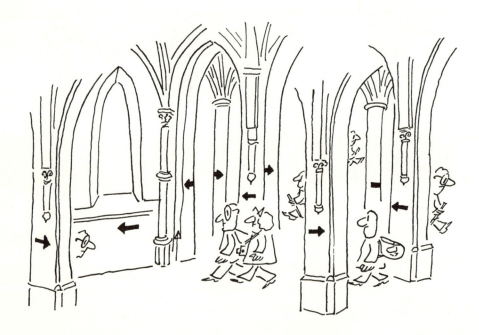

APOSTELGESCHICHTE 26,22-23

Gottes Zeuge

Bis heute hat Gott mir geholfen, und so stehe ich als sein Zeuge vor den Menschen, den mächtigen und den geringen. Ich verkünde nichts anderes, als was die Propheten und Mose vorausgesagt haben:
> Der versprochene Retter, sagten sie, muß leiden und sterben und wird als der erste unter allen Toten auferstehen, um den Juden wie den Nichtjuden das rettende Licht zu bringen.

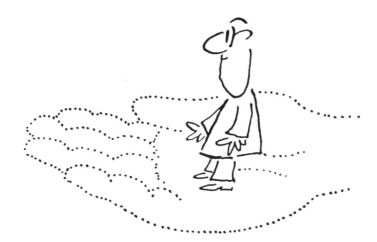

Bekenntnis

Ich schäme mich des Evangeliums nicht; denn es ist eine Kraft Gottes, die selig macht alle, die daran glauben, die Juden zuerst und ebenso die Griechen.

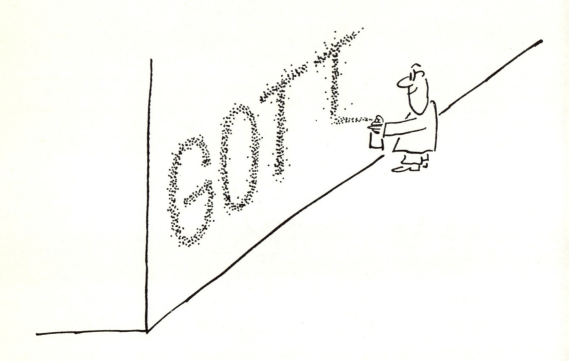

RÖMER 1,21–22

Die Schuld der Menschen

Obwohl sie Gott kannten, gaben sie ihm nicht die Ehre, die ihm zusteht, und dankten ihm nicht. Ihre Gedanken gingen in die Irre, und in ihren unverständigen Herzen wurde es finster.

Sie bildeten sich etwas auf ihre Klugheit ein, aber in Wirklichkeit wurden sie zu Narren.

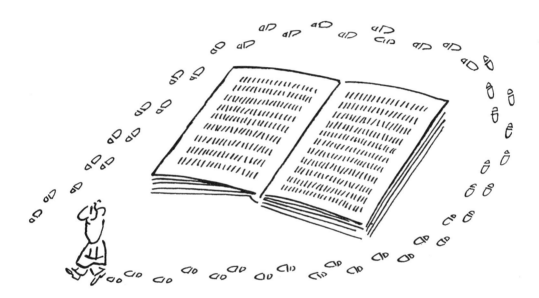

Hoffnungslose
Lage

In den heiligen Schriften heißt es:
Kein Mensch kann vor Gott bestehen;
   keiner ist verständig und fragt
   nach Gottes Willen.
Alle sind vom rechten Weg abgekommen; allesamt sind sie zu nichts zu gebrauchen. Keiner von ihnen tut das Rechte, nicht einmal einer.
   Was sie sagen, bringt Tod und Verderben; von ihrer Zunge kommen bösartige Lügen. Ihre Worte sind tödlich wie Natterngift;
Flüche und Drohungen sprudeln aus ihrem Mund.
   Vor keiner Untat schrecken sie zurück: sie vergießen das Blut unschuldiger Menschen;
wo sie gehen, hinterlassen sie Verwüstung.
   Um Glück und Frieden für andere kümmern sie sich nicht.
Sie kennen keine Ehrfurcht vor Gott.

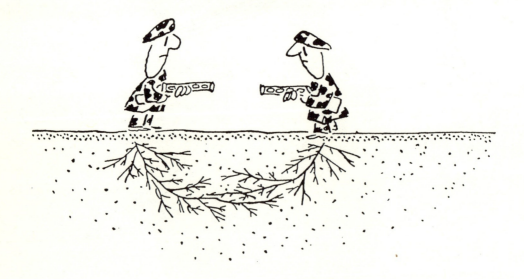

Allein durch Glauben

Ein Arbeiter bekommt seinen Lohn nicht als Geschenk, sondern er hat aufgrund seiner Leistungen einen Anspruch darauf.
> Vor Gott ist das anders. <u>Wer keine Leistungen vorzuweisen hat, aber dem vertraut, der den Schuldigen freispricht, findet durch sein Vertrauen bei Gott Anerkennung.</u>

Das sagte auch David, als er von der Freude derer sprach, die Gott annimmt, obwohl sie es durch nichts verdient haben:
> Freuen dürfen sich alle, denen Gott ihr Unrecht vergeben und ihre Verfehlungen zugedeckt hat!

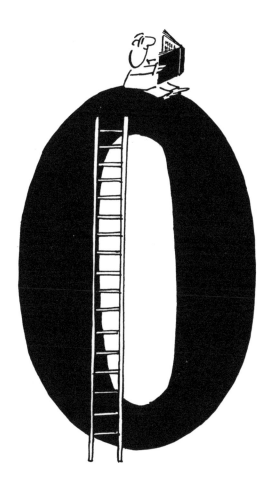

Ihr wißt doch: Wem ihr euch als Sklaven unterstellt, dem müßt ihr auch gehorchen. Entweder stellt ihr euch auf die Seite der Sünde; dann werdet ihr sterben. Oder ihr stellt euch auf die Seite des Gehorsams; dann werdet ihr vor Gottes Gericht bestehen können.

Gott sei Dank! <u>Früher wart ihr Sklaven der Sünde;</u> aber jetzt gehorcht ihr von ganzem Herzen der Wahrheit, wie sie euch gelehrt worden ist. <u>Ihr seid vom Dienst der Sünde befreit</u> und steht nun im Dienst des Guten.

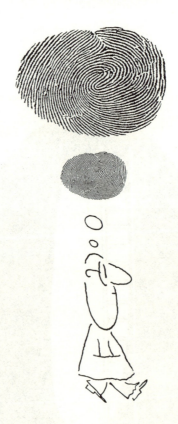

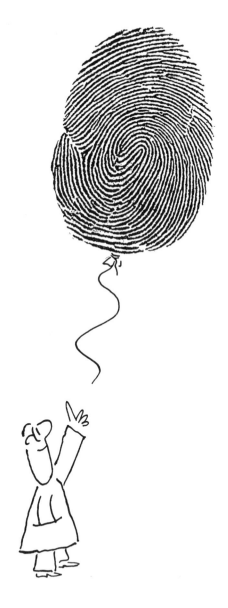

RÖMER 10,17

So kommt der Glaube aus der Predigt, das Predigen aber durch das Wort Christi.

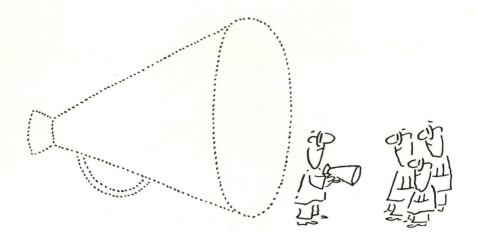

Eure Liebe muß aufrichtig sein.
Verabscheut das Böse, tut mit ganzer
Hingabe das Gute!
> In der Gemeinde soll einer den
> anderen als Bruder herzlich lieben
> und ihn höher stellen als sich selbst.
Werdet nicht nachlässig, sondern laßt
euch von Gottes Geist durchdringen
und dient bereitwillig dem Herrn.
> Seid fröhlich in der Hoffnung, stand-
> haft in aller Bedrängnis, unermüdlich
> im Gebet.

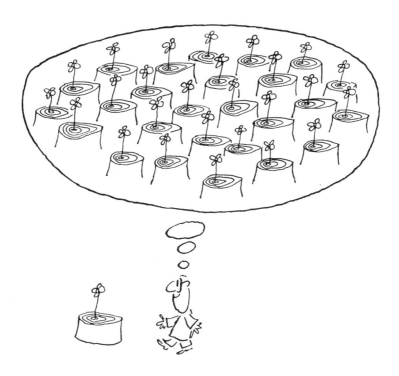

Haltet Gemeinschaft mit denen, die
einen schwachen Glauben haben!
Streitet nicht mit ihnen, wenn ihr
anderer Meinung seid!
> Der eine hat keine Bedenken,
> alles zu essen. Der andere hat Angst,
> sich zu versündigen, und ißt lieber
> nur Pflanzenkost.

Wer Fleisch ißt, soll den anderen nicht
verachten, aber wer kein Fleisch ißt,
soll den anderen auch nicht verurteilen; denn Gott hat ihn ja in seine
Gemeinschaft aufgenommen.

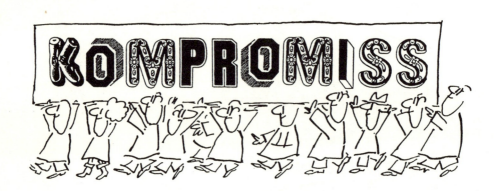

RÖMER 15,13

Aus guter Quelle

Der Gott der Hoffnung erfülle euch mit aller Freude und mit allem Frieden im Glauben, damit ihr reich werdet an Hoffnung in der Kraft des Heiligen Geistes.

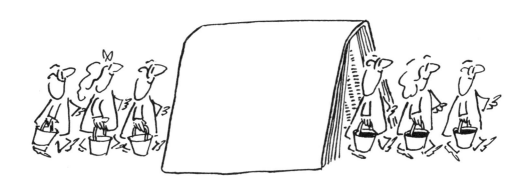

1. KORINTHER 1,10–13

Spaltungen in der Gemeinde

Brüder, im Namen Jesu Christi,
unseres Herrn, rufe ich euch auf:
Seid einig! Bildet keine Gruppen,
die sich gegenseitig bekämpfen!
Haltet in gleicher Gesinnung und
Überzeugung zusammen!
    Durch Leute aus dem Haus unserer
    Schwester Chloë habe ich erfahren,
    liebe Brüder, daß es unter euch
    Streitigkeiten gibt.
Ihr wißt, was ich meine. Der eine sagt:
Ich gehöre zu Paulus! Der andere: Ich
zu Apollos! Der dritte: Ich zu Petrus!
Und wieder ein anderer: Ich zu Christus!
    Christus läßt sich doch nicht zerteilen!

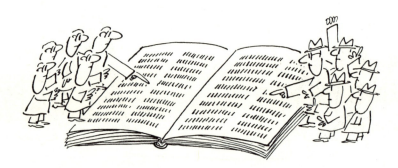

1. KORINTHER 1,17–19

Stärke und Schwäche

Christus hat mich nicht gesandt zu taufen, sondern das Evangelium zu verkünden, aber nicht mit gewandten und klugen Worten, damit das Kreuz Christi nicht um seine Kraft gebracht wird.
>Denn das Wort vom Kreuz ist denen, die verlorengehen, Torheit; uns aber, die gerettet werden, ist es Gottes Kraft.
Es heißt nämlich in der Schrift (Jesaja 29,14): »Ich lasse die Weisheit der Weisen vergehen und die Klugheit der Klugen verschwinden.«

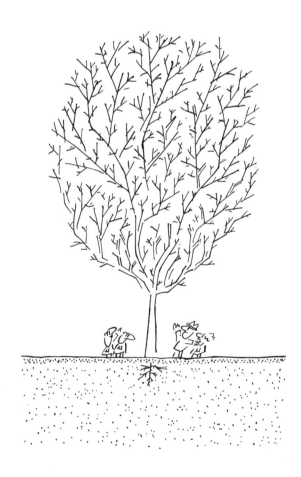

1. KORINTHER 1,25–29

Das Törichte an Gott ist weiser als die
Menschen, und das Schwache an Gott
ist stärker als die Menschen.
    Seht doch auf eure Berufung, Brüder!
    Da sind nicht viele Weise im irdischen
    Sinn, nicht viele Mächtige, nicht viele
    Vornehme,
sondern das Törichte in der Welt hat
Gott erwählt, um die Weisen zuschanden zu machen, und das Schwache
in der Welt hat Gott erwählt, um das
Starke zuschanden zu machen.
    Und das Niedrige in der Welt und
    das Verachtete hat Gott erwählt:
    das, was nichts ist, um das, was etwas
    ist, zu vernichten,
damit kein Mensch sich rühmen kann
vor Gott.

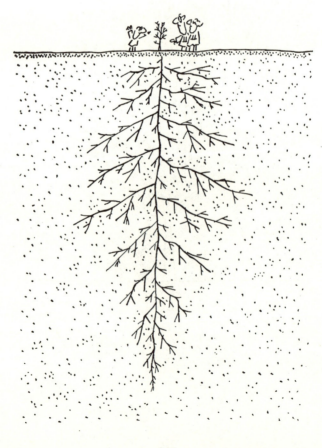

Lebensgrundlagen

Das Fundament ist gelegt: Jesus Christus. Niemand kann ein anderes legen.
Es wird auch nicht verborgen bleiben, was einer darauf baut. Der Tag des Gerichts wird ans Licht bringen, ob es Gold ist oder Silber, kostbare Steine, Holz, Stroh oder Schilf.
An diesem Tag wird die Arbeit eines jeden im Feuer auf ihren Wert geprüft.

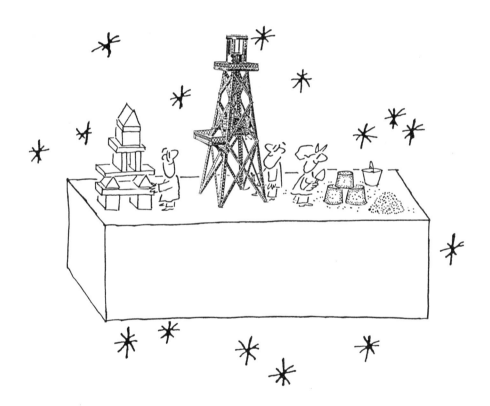

1. KORINTHER 7,10-11

Zusammenklang

Für die Verheirateten habe ich eine verbindliche Vorschrift. Sie stammt nicht von mir, sondern von Christus, dem Herrn: Eine Frau darf sich nicht von ihrem Mann trennen.
    Hat sie sich von ihm getrennt, so muß sie unverheiratet bleiben oder sich wieder mit ihrem Mann aussöhnen. Ebensowenig darf ein Mann seine Frau fortschicken.

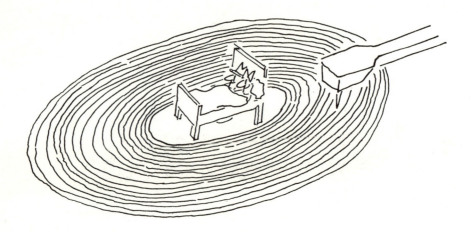

Umwege

Das Wissen macht eingebildet; nur die
Liebe baut die Gemeinde auf.
> Wenn sich jemand darauf beruft,
> daß er Gott kennt, zeigt er damit,
> daß er noch nicht weiß, was Erkenntnis Gottes ist.

Wer dagegen Gott liebt, den kennt
und liebt Gott.

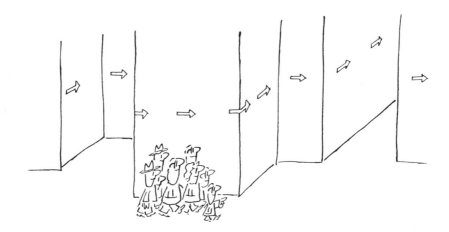

1. KORINTHER 10,12-13

Bewährungsprobe

Seid auf der Hut! Wer meint,
daß er sicher steht, soll aufpassen,
daß er nicht fällt.
    Die Proben, auf die euer Glaube bisher gestellt worden ist, sind über das gewöhnliche Maß noch nicht hinausgegangen. Aber Gott hält sein Versprechen und läßt nicht zu, daß die Prüfung über eure Kraft geht. Wenn er euch auf die Probe stellen läßt, sorgt er auch dafür, daß ihr bestehen könnt.

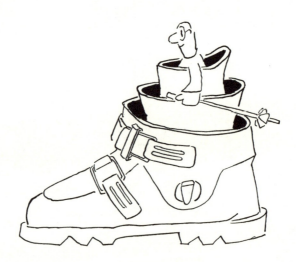

1. KORINTHER 12,4–10

Ein Geist

Es gibt verschiedene Gnadengaben,
aber nur den <u>einen Geist</u>.
    Es gibt verschiedene Dienste,
    aber nur den <u>einen Herrn</u>.
Es gibt verschiedene Kräfte, die
wirken, aber nur den <u>einen Gott:</u>
Er bewirkt alles in allen.
    Jedem aber wird die Offenbarung des
    Geistes geschenkt, damit sie anderen
    nützt.
Dem einen wird vom Geist die Gabe
geschenkt, Weisheit mitzuteilen, dem
andern durch den gleichen Geist die
Gabe, Erkenntnis zu vermitteln,
    dem dritten im gleichen Geist Glau-
    benskraft, einem andern – immer
    in dem einen Geist – die Gabe, Krank-
    heiten zu heilen,
einem andern Wunderkräfte, einem
andern prophetisches Reden, einem
andern die Fähigkeit, die Geister zu
unterscheiden, wieder einem andern
verschiedene Arten von Zungenrede,
einem andern schließlich die Gabe,
sie zu deuten.

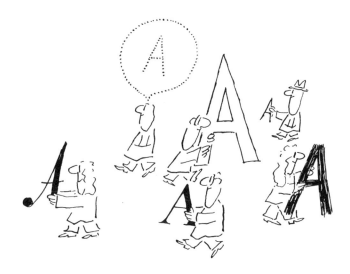

1. KORINTHER 13,2

Wenn ich prophetisch reden könnte und wüßte alle Geheimnisse und alle Erkenntnis und hätte allen Glauben, so daß ich Berge versetzen könnte, und hätte die Liebe nicht, so wäre ich nichts.

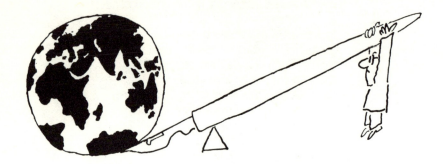

Seid wachsam! Steht im Glauben fest!
Seid mutig und stark!
    Alles, was ihr tut, soll von der Liebe
    bestimmt sein.

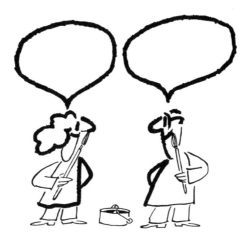

Christus hat mich befähigt, seinen neuen Bund überall bekanntzumachen. Durch diesen Bund gibt Gott nicht ein geschriebenes Gesetz, sondern seinen Geist. <u>Der Buchstabe des Gesetzes führt zum Tod; der Geist aber führt zum Leben.</u>

Das Gesetz wurde mit Buchstaben in steinerne Tafeln eingegraben. Obwohl es zum Tod führte, war der Glanz auf dem Gesicht Moses so stark, daß das israelitische Volk ihn nicht ertragen konnte. Und das ist doch nur ein vergänglicher Glanz. Wenn also schon der Auftrag, der den Tod brachte, mit soviel Herrlichkeit verbunden gewesen ist,

wie herrlich muß dann erst der Auftrag sein, der durch den Geist zum Leben führt!

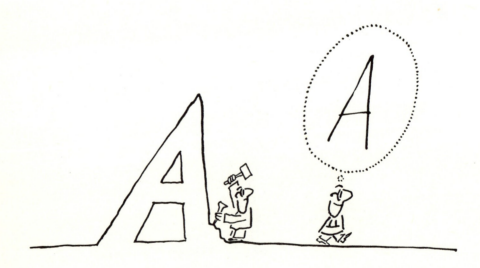

2. KORINTHER 4,6

Licht des Herzens

Gott hat einst gesagt: Aus der Dunkelheit soll Licht aufleuchten! So hat er jetzt sein Licht in meinem Herzen aufleuchten lassen, damit die Menschen die göttliche Herrlichkeit erkennen, die Jesus Christus ausstrahlt.

2. KORINTHER 4,18

Zeit und Ewigkeit

Ich baue nicht auf das, was man sieht, sondern auf das, was jetzt noch keiner sehen kann. Denn was wir jetzt sehen, besteht nur eine gewisse Zeit.
Das Unsichtbare aber besteht ewig.

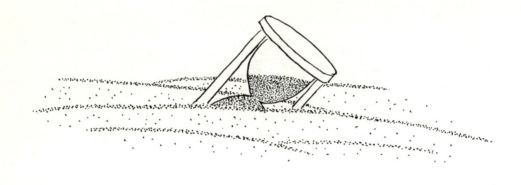

2. KORINTHER 5,7

Als Glaubende gehen wir unseren
Weg, nicht als Schauende.

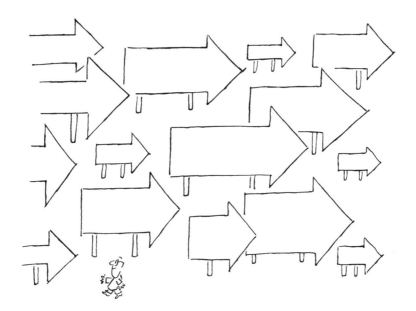

2. KORINTHER 5,14–17

Ein neuer Maßstab

Die Liebe, die Christus uns erwiesen hat, bestimmt mein ganzes Handeln. Es ist doch so: Einer ist für uns alle in den Tod gegangen, also sind sie alle gestorben.

Weil er für sie gestorben ist, gehört ihr Leben nicht mehr ihnen selbst, sondern dem, der für sie gestorben und zum Leben erweckt worden ist.

Darum beurteile ich jetzt niemand mehr nach menschlichen Maßstäben. Auch Christus nicht, den ich einst so beurteilt habe.

Wer zu Christus gehört, ist ein neuer Mensch geworden. Was er früher war, ist vorbei; etwas ganz Neues hat begonnen.

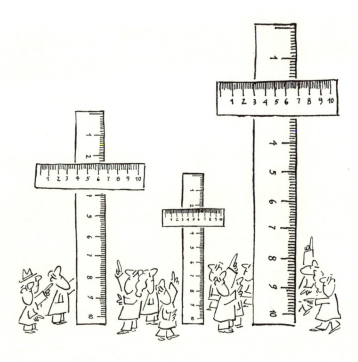

Als ein Mitarbeiter Gottes bitte ich euch: Verspielt nicht die Gnade Gottes, die ihr empfangen habt! Gott sagt: Wenn die Zeit kommt, daß ich mich über euch erbarme, erhöre ich euch; wenn der Tag eurer Rettung da ist, helfe ich euch. Gebt acht, jetzt ist die Zeit der Gnade! Heute ist der Tag der Rettung!

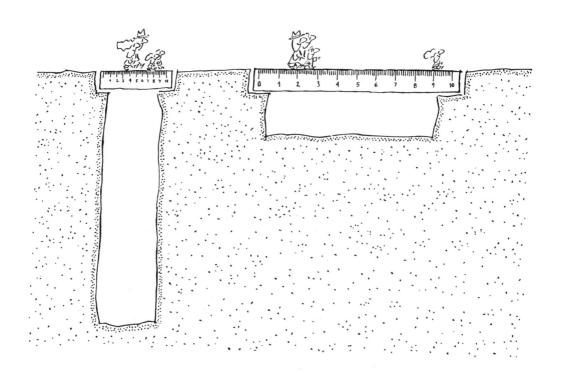

2. KORINTHER 9,6–9

Reichlich geben

Denkt daran: Wer spärlich sät, wird nur wenig ernten. Aber wer mit vollen Händen sät, auf den wartet eine reiche Ernte.
    Jeder soll so viel geben, wie er sich vorgenommen hat. Es soll ihm nicht leid tun, und er soll es nicht nur geben, weil er sich dazu gezwungen fühlt. Gott liebt fröhliche Geber.
Er kann euch so reich beschenken, daß ihr nicht nur jederzeit genug habt für euch selbst, sondern auch noch anderen reichlich Gutes tun könnt.
    Dann gilt von euch, was in den heiligen Schriften steht: Großzügig gibt er den Bedürftigen; seine Wohltätigkeit wird in Ewigkeit nicht vergessen werden.

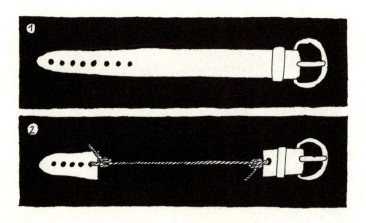

2. KORINTHER 10,3–5

Ich bin zwar nur ein Mensch, aber ich kämpfe nicht nach Menschenart.
Ich benutze in meinem Kampf nicht die Waffen menschlicher Selbstsucht, sondern die mächtigen Waffen Gottes. Mit ihnen zerstöre ich feindliche Festungen: ich bringe falsche Gedankengebäude zum Einsturz
und reiße den Hochmut nieder, der sich der Erkenntnis Gottes entgegenstellt.

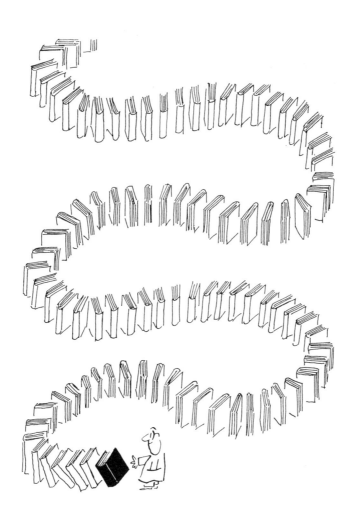

2. KORINTHER 12,9

Der Herr hat mir gesagt: Du brauchst nicht mehr als meine Gnade! <u>Je schwächer du bist, desto stärker erweist sich an dir meine Macht.</u> Jetzt trage ich meine Schwäche gern, ja ich bin stolz darauf, damit die Kraft Christi sich an mir erweisen kann.

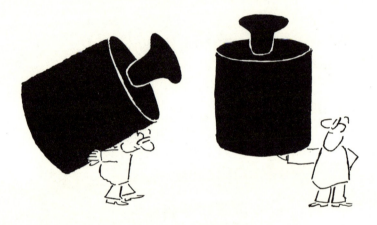

GALATER 3,23–25

Ausweg

Bevor uns Gott den neuen Weg geöffnet hat, waren wir im Gefängnis des Gesetzes eingesperrt.
> Das Gesetz hielt uns unter strenger Aufsicht. Das dauerte so lange, bis Christus kam. Denn einzig und allein durch das Vertrauen sollten wir Gottes Anerkennung finden.

Jetzt ist es soweit; darum stehen wir nicht mehr unter dem Gesetz.

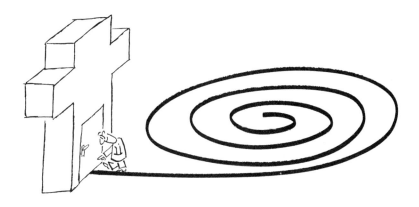

Sklaverei

<u>Denkt an die Zeit, als ihr Gott noch nicht gekannt habt:</u> Wie Sklaven dientet ihr damals Göttern, die keine sind. Jetzt kennt ihr Gott – ich sollte besser sagen: Gott kennt euch! Wie könnt ihr dann zu diesen schwachen und armseligen Mächten zurückkehren? Wollt ihr von neuem ihre Sklaven sein?

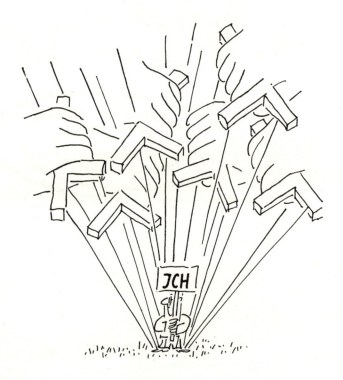

GALATER 5,22–23

Zur Liebe befreit

Der Geist Gottes läßt als Frucht eine Fülle von Gutem wachsen, nämlich Liebe, Freude, Frieden, Geduld, Freundlichkeit, Güte, Treue,
    Nachsicht und Selbstbeherrschung. Wer so lebt, hat das Gesetz nicht gegen sich.

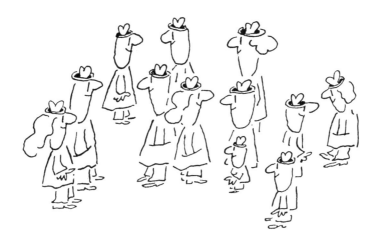

EPHESER 2,14–19

Durch Christus geeint

Christus ist es, der uns allen den Frieden gebracht und Juden und Nichtjuden zu einem einzigen Volk verbunden hat. Durch sein Sterben hat er die Mauer eingerissen, die die beiden trennte und zu Feinden machte.
> Denn er hat das jüdische Gesetz mit seinen Forderungen beseitigt. So hat er Frieden gestiftet. Er hat die getrennten Teile der Menschheit mit sich verbunden und daraus den einen neuen Menschen geschaffen.

Er hat die beiden in einem einzigen Leib – der Gemeinde – vereinigt und hat ihnen durch seinen Tod am Kreuz den Frieden mit Gott gebracht. Am Kreuz hat er alle Feindschaft ein für allemal ausgelöscht.
> Diese Friedensbotschaft hat Christus allen verkündet, euch, die ihr fern wart, und ebenso denen, die nahe waren.

Durch ihn dürfen wir beide, Juden und Nichtjuden, in einem Geist vor Gott, den Vater, treten.
> Ihr Menschen aus den anderen Völkern seid also nicht länger Fremde und Gäste. Ihr gehört mit zum Volk Gottes und seid in Gottes Hausgemeinschaft aufgenommen.

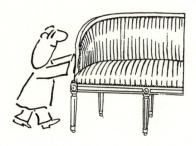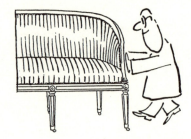

Fragt immer, was dem Herrn gefällt!
Beteiligt euch nicht an dem finsteren Treiben, das nur verdorbene Frucht hervorbringt. Im Gegenteil, deckt es auf!

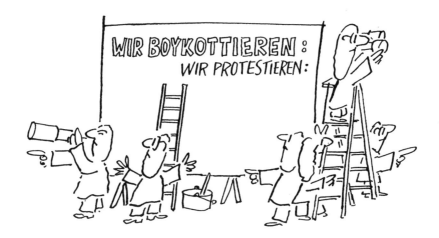

EPHESER 5,21–25.31–33

Gegenseitige Unterordnung

Einer soll sich dem anderen unterordnen, wie es die Ehrfurcht vor Christus verlangt.

Ihr Frauen, ordnet euch euren Männern unter! Dadurch zeigt ihr, daß ihr euch dem Herrn unterordnet.

Denn der Mann steht über der Frau, so wie Christus über der Gemeinde steht. Christus als dem Haupt verdankt die Gemeinde, die sein Leib ist, ihre Rettung.

Wie nun die Gemeinde Christus untergeordnet ist, so müssen auch die Frauen sich ihren Männern in allem unterordnen.

Ihr Männer, liebt eure Frauen so, wie Christus seine Gemeinde geliebt hat! Er hat sein Leben für sie gegeben.

Ihr kennt das Wort: Deshalb verläßt ein Mann Vater und Mutter, um mit seiner Frau zu leben. Die zwei sind dann eins, mit Leib und Seele.

In diesem Wort liegt ein tiefes Geheimnis. Ich beziehe es auf Christus und seine Gemeinde.

Es gilt aber auch für euch: Jeder von euch muß seine Frau so lieben wie sich selbst. Die Frau aber soll ihren Mann achten.

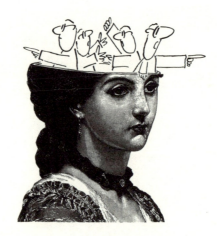

EPHESER 6,12-13

Die geistliche Waffenrüstung

Wir kämpfen nicht gegen Menschen. Wir kämpfen gegen unsichtbare Mächte und Gewalten, gegen die bösen Geister zwischen Himmel und Erde, die jetzt diese dunkle Welt beherrschen.

Darum greift zu den Waffen Gottes! Wenn dann der schlimme Tag kommt, werdet ihr wohlgerüstet sein und den Angriffen des Feindes standhalten können.

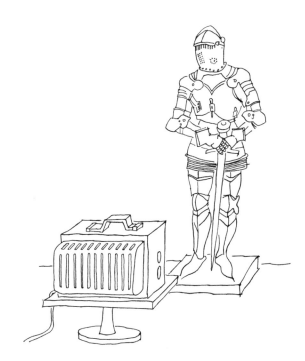

Verkündigung

Einige verkündigen Christus zwar aus Neid und Streitsucht, andere aber in guter Absicht.
    Aber was liegt daran? Auf jede Weise, ob in unlauterer oder lauterer Absicht, wird Christus verkündigt, und darüber freue ich mich.

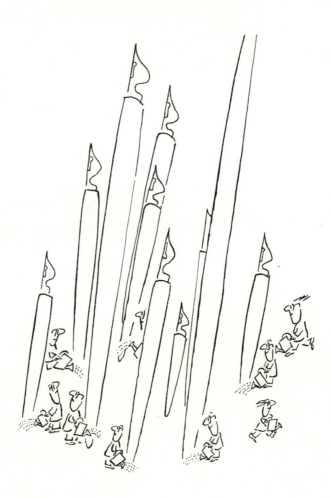

PHILIPPER 2,2–4

Macht meine Freude dadurch vollkommen, daß ihr eines Sinnes seid, einander in Liebe verbunden, einmütig und einträchtig.
> daß ihr nichts aus Ehrgeiz und nichts aus Prahlerei tut. Sondern in Demut schätze einer den andern höher ein als sich selbst.

Jeder achte nicht nur auf das eigene Wohl, sondern auch auf das der anderen.

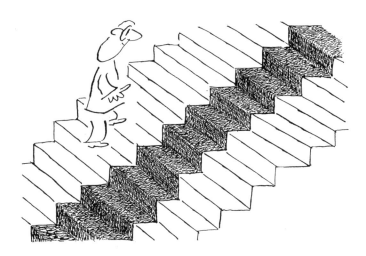

Aus Gottes Kraft

Tut alles ohne Murren und Bedenken,
damit ihr rein und ohne Tadel seid,
Kinder Gottes ohne Makel mitten in
einer verdorbenen und verwirrten
Generation, unter der ihr als Lichter
in der Welt leuchtet.

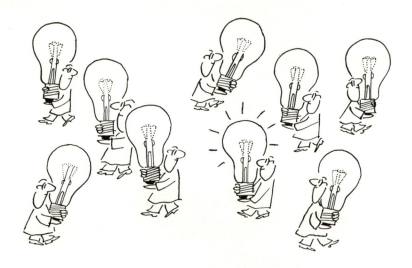

Ihr sollt in den vollen Besitz der
Erkenntnis kommen und Gottes
Geheimnis begreifen.
Dieses Geheimnis ist Christus.
    In ihm sind alle Schätze der göttlichen
    Weisheit verborgen.
Ich sage das, damit euch keiner mit
seiner Überredungskunst hinters Licht
führt.

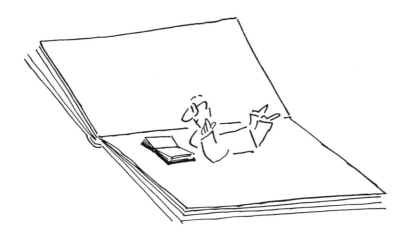

Gebt acht, daß euch keiner durch die Vorspiegelung höherer Erkenntnis betrügt. Das alles ist nur von Menschen erdacht. Es handelt nur von den kosmischen Mächten; mit Christus hat es nichts zu tun.

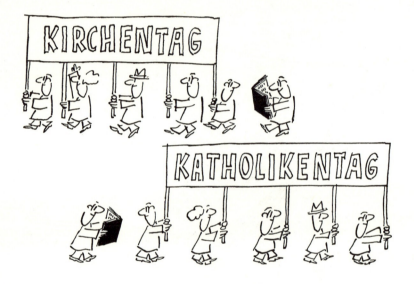

Verbindung

Trachtet nach dem, was droben ist,
nicht nach dem, was auf Erden ist.

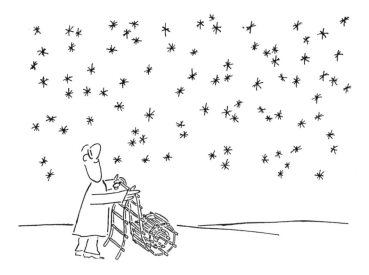

KOLOSSER 3,5–10

Aschermittwoch

Tötet, was irdisch an euch ist: die Unzucht, die Schamlosigkeit, die Leidenschaft, die bösen Begierden und die Habsucht, die ein Götzendienst ist.

All das zieht den Zorn Gottes nach sich.

Früher seid auch ihr darin gefangen gewesen und habt euer Leben davon beherrschen lassen.

Jetzt aber sollt ihr das alles ablegen: Zorn, Wut und Bosheit; auch Lästerungen und Zoten sollen nicht mehr über eure Lippen kommen.

Belügt einander nicht; denn <u>ihr habt den alten Menschen mit seinen Taten abgelegt</u>

und seid zu einem neuen Menschen geworden, der nach dem Bild seines Schöpfers erneuert wird, um ihn zu erkennen.

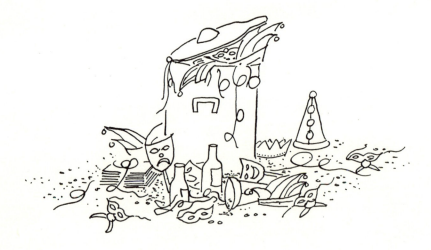

KOLOSSER 3,11–15

Vom Gold der Bronzemedaille

Wo das geschieht, gibt es nicht mehr
Griechen oder Juden, Beschnittene
oder Unbeschnittene, Fremde, Skythen,
Sklaven oder Freie, sondern Christus
ist alles und in allen.
    Ihr seid von Gott geliebt, seid seine
    auserwählten Heiligen. Darum beklei-
    det euch mit aufrichtigem Erbarmen,
    mit Güte, Demut, Milde, Geduld!
Ertragt euch gegenseitig, und vergebt
einander, wenn einer dem andern
etwas vorzuwerfen hat. Wie der Herr
euch vergeben hat, so vergebt auch
ihr!
    Vor allem aber liebt einander,
    denn die Liebe ist das Band, das alles
    zusammenhält und vollkommen
    macht.
In eurem Herzen herrsche der
Friede Christi; dazu seid ihr berufen
als Glieder des einen Leibes.

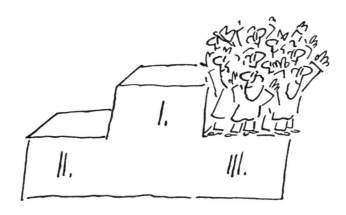

KOLOSSER 3,21

Ihr Eltern, behandelt eure Kinder nicht
so, daß sie mutlos und scheu werden!

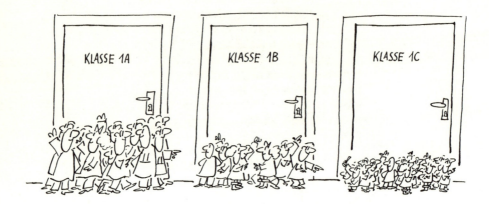

Für alle Fälle gerüstet

Ihr selbst wißt, daß der Herr so unvorhergesehen kommt wie ein Dieb in der Nacht.
Wenn die Menschen sagen werden: <u>Alles ist ruhig und sicher,</u> wird plötzlich der Untergang über sie hereinbrechen wie die Wehen über eine schwangere Frau. Keiner wird entrinnen.

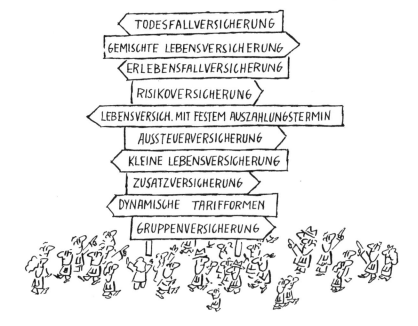

1. THESSALONICHER 5,8–9.11

Meine Stärke

Wir gehören zum Tag und wollen deshalb nüchtern sein. Wir wollen Glauben und Liebe als Panzer anlegen und die Hoffnung auf Rettung als Helm.
> Denn Gott hat uns nicht dazu bestimmt, daß wir seinem Strafgericht verfallen, sondern daß wir durch Jesus Christus, unseren Herrn, gerettet werden.

Macht euch also gegenseitig Mut! Einer soll dem anderen weiterhelfen, wie ihr es ja schon tut.

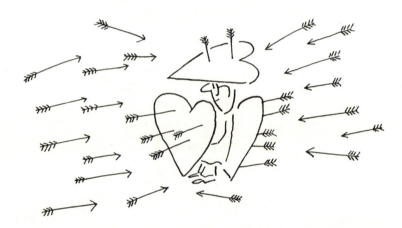

2. THESSALONICHER 2,7-8

Die geheime Macht der Gesetzwidrigkeit ist schon am Werk; nur muß erst der beseitigt werden, der sie bis jetzt noch zurückhält.
    Dann wird der gesetzwidrige Mensch allen sichtbar werden.

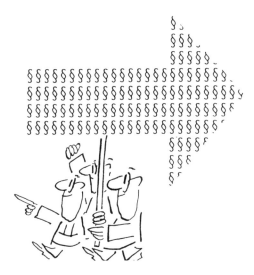

1. TIMOTHEUS 1,4–7

Im Trüben fischen

Sie sollen sich nicht mit uferlosen Spekulationen über die Anfänge der Welt befassen; denn das führt nur zu unfruchtbaren Grübeleien, anstatt dem Heilsplan Gottes zu dienen, der auf den Glauben zielt.
> Jede Unterweisung der Gemeinde muß zur Liebe hinführen, die aus einem reinen Herzen, einem guten Gewissen und einem aufrichtigen Glauben kommt.

Davon haben sich einige abgewandt und haben sich in leeres Gerede verloren.
> Sie wollen Lehrer des göttlichen Gesetzes sein; aber sie wissen nicht, was sie sagen, und haben keine Ahnung von dem, worüber sie so selbstsicher ihre Behauptungen aufstellen.

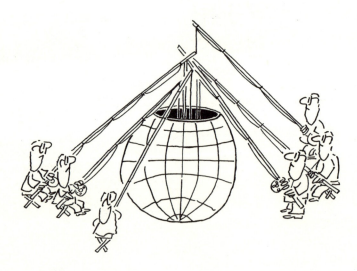

Brückenschlag

Es gibt für alle nur einen Gott, und es gibt nur einen, der zwischen Gott und Mensch die Brücke schlägt: den Menschen Jesus Christus.

Er gab sein Leben, um die ganze Menschheit von ihrer Schuld zu befreien. Damit hat er bestätigt, daß Gott alle Menschen retten will.

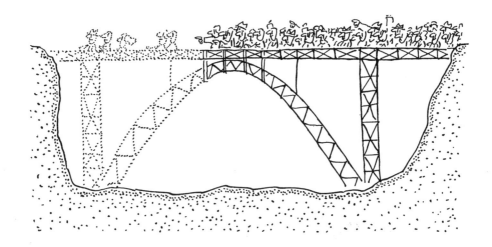

2. TIMOTHEUS 2,23–26

Gelegenheit zur Umkehr

Die unsinnigen und fruchtlosen Grübeleien sollst du abweisen. Geh nicht darauf ein; du weißt, daß das nur zum Streit führt.
Einer, der dem Herrn dient, soll nicht streiten, sondern allen freundlich begegnen und ihnen den wahren Glauben bezeugen. Er darf sich nicht provozieren lassen,
sondern muß die Gegner verständnisvoll auf den rechten Weg weisen. Vielleicht gibt Gott ihnen die Gelegenheit zur Umkehr und läßt sie zur Besinnung kommen, so daß sie die Wahrheit erkennen.
Dann können sie sich aus der Schlinge befreien, in der sie der Teufel gefangen hatte, um sie für seine Absichten zu mißbrauchen.

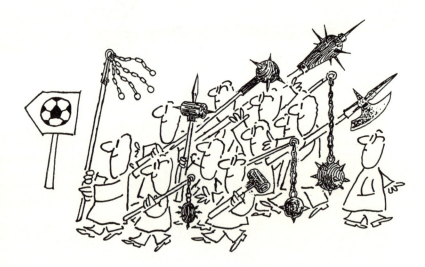

2. TIMOTHEUS 3,14–17

Halte dich weiterhin an die Wahrheit,
die man dich gelehrt hat und von der
du fest überzeugt bist. Du weißt, wer
deine Lehrer waren,
> und kennst seit deiner Kindheit die
> heiligen Schriften. Sie können dir hel-
> fen, den Weg zur Rettung zu gehen,
> der uns durch das Vertrauen auf Jesus
> Christus eröffnet ist.

Alles, was in den heiligen Schriften
steht, ist von Gottes Geist eingegeben
und verhilft dazu, den Willen Gottes
zu erkennen, die eigene Schuld einzu-
sehen, sich Gott wieder zuzuwenden
und ein Leben zu führen, das ihm
gefällt.
> So trägt es dazu bei, daß der Mensch,
> der sich Gott zur Verfügung gestellt
> hat, zu allem Guten fähig wird.

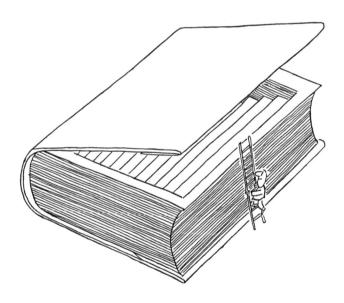

2. TIMOTHEUS 4,2–3

Letzter Aufruf

Sage den Menschen die Botschaft Gottes, gleichgültig, ob es ihnen paßt oder nicht! Rede ihnen ins Gewissen, weise sie zurecht und ermutige sie! Werde nicht müde, ihnen den rechten Weg zu zeigen!

Denn es wird eine Zeit kommen, da werden sie die wahre Lehre unerträglich finden und sich Lehrer nach ihrem Geschmack aussuchen, die ihnen nach dem Mund reden.

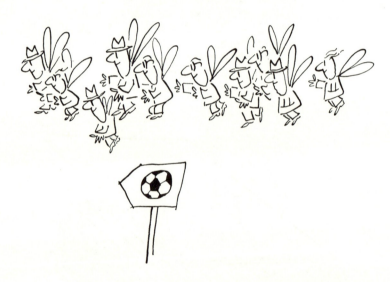

TITUS 1,15–16

Dreck am Stecken

Wer ein reines Gewissen hat, für den ist alles rein. Wer Schuld auf dem Gewissen hat und Gott nicht gehorcht, für den ist nichts rein; voller Schmutz ist alles, was er fühlt und denkt.
	Diese Leute behaupten, Gott zu kennen, aber durch ihre Taten beweisen sie das Gegenteil.

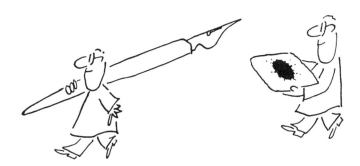

Lehre die Wahrheit aufrichtig und mit
Würde,
> in klaren und überzeugenden Worten.
> Dann können unsere Gegner uns
> nichts Schlechtes nachsagen und
> müssen sich beschämt zurückziehen.

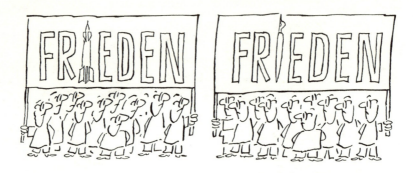

Lehrling

Ich, Paulus, ein alter Mann, der jetzt auch noch für Jesus Christus gefangen ist,
> bitte dich für Onesimus. Hier im Gefängnis habe ich ihn zum Glauben geführt, und so wurde er mein Sohn.

Früher hattest du an ihm nur einen Nichtsnutz, aber jetzt kann er dir und mir nützlich sein.

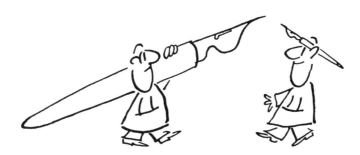

Erinnerungen

Viele Male und auf vielerlei Weise hat Gott einst zu den Vätern gesprochen durch die Propheten;
> in dieser Endzeit aber hat er zu uns gesprochen durch den Sohn, den er zum Erben des Alls eingesetzt und durch den er auch die Welt erschaffen hat.

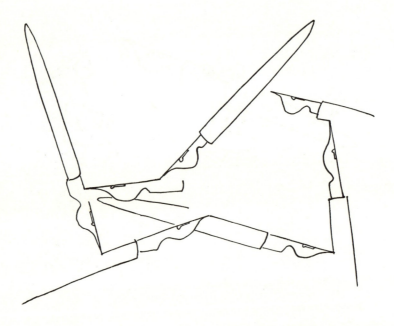

HEBRÄER 2,1

Wir müssen uns erst recht an das halten, was wir gehört haben, damit wir nicht am Ziel vorbeitreiben.

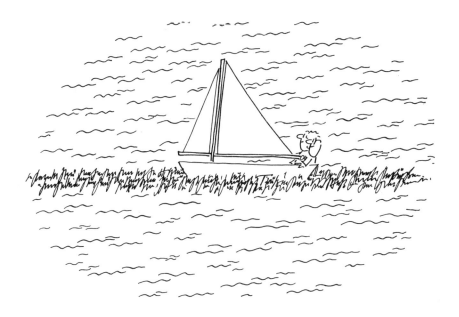

Achtet darauf, liebe Brüder, daß keiner von euch ein widerspenstiges, ungehorsames Herz hat und sich von dem lebendigen Gott abwendet.
Ermutigt einander jeden Tag, solange jenes »Heute« gilt. Dann verhindert ihr, daß einer von euch sich dem Ruf Gottes verschließt, weil ihn die Sünde verführt.
Wir gehören zu Christus, wenn wir bis zum Ende an dem Vertrauen festhalten, das wir am Anfang hatten.

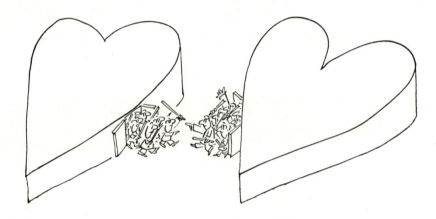

HEBRÄER 4,12

Das Wort Gottes ist lebendig und wirksam. Es ist schärfer als jedes zweischneidige Schwert, es dringt durch und trennt Seele und Geist, Mark und Bein. Es zieht die geheimsten Wünsche und Gedanken der Menschen zur Rechenschaft.

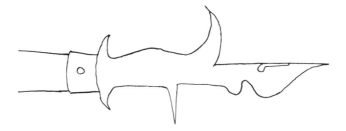

HEBRÄER 5,12–14

Feste Nahrung

Ihr solltet längst andere unterrichten können; statt dessen habt ihr noch einen nötig, der euch das ABC der Botschaft Gottes erklärt. Ihr braucht noch Milch statt fester Nahrung.
    Wer Milch braucht, ist ein Kind, das die Sprache der Erwachsenen noch nicht versteht.
Feste Nahrung gibt es nur für die Gereiften, die ihre Sinne geübt und geschärft haben, um Gut und Böse zu unterscheiden.

Wir wollen uns Gott mit offenem
Herzen und festem Vertrauen nähern.
Denn unser Gewissen ist von aller
Schuld gereinigt und unser Körper mit
reinem Wasser gewaschen worden.
> Wir wollen an der Hoffnung festhalten,
> zu der wir uns bekennen. Wir wollen
> nicht schwanken; denn Gott, der die
> Zusagen gegeben hat, steht zu
> seinem Wort.

Wir haben die Wahrheit kennengelernt. Wenn wir jetzt wieder vor-
sätzlich zu sündigen beginnen,
gibt es kein Opfer mehr, um unsere
Sünden zu beseitigen.

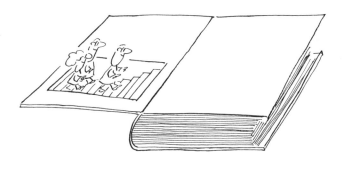

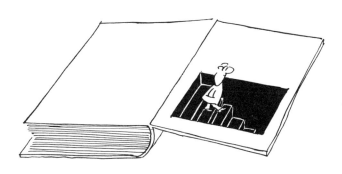

HEBRÄER 10,36

Geduld habt ihr nötig, damit ihr den
Willen Gottes tut und das Verheißene
empfangt.

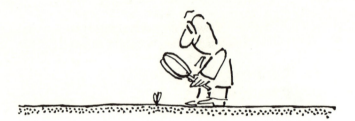

HEBRÄER 11,1

Es ist der Glaube eine feste Zuversicht auf das, was man hofft, und ein Nichtzweifeln an dem, was man nicht sieht.

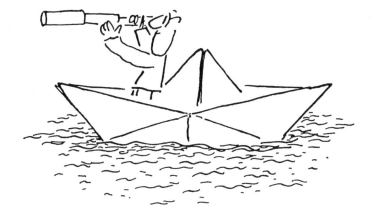

Denkt an die Gefangenen, als ob ihr selbst mit ihnen im Gefängnis wärt. Denkt an die Mißhandelten, als müßtet ihr ebenso leiden wie sie.

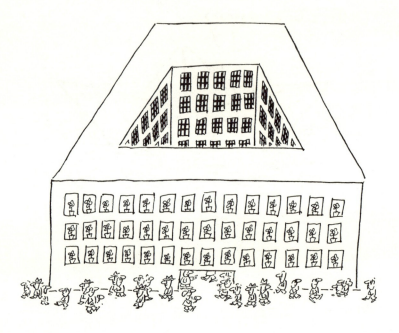

Hängt nicht am Geld, und seid zufrieden mit dem, was ihr habt. Gott hat gesagt: Niemals werde ich dir meine Hilfe entziehen, nie dich im Stich lassen.

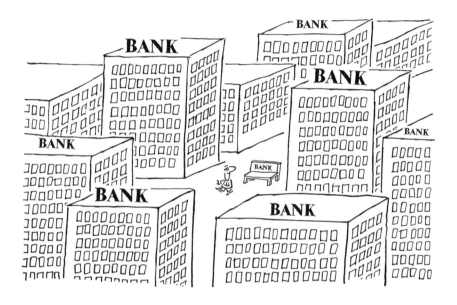

Auf der Erde gibt es keine Stadt, in der wir bleiben können. Wir warten auf die Stadt, die kommen wird.

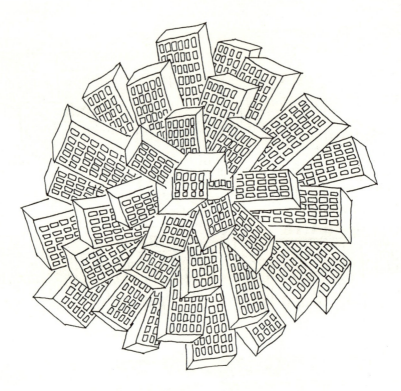

Denkt daran, liebe Brüder: Jeder soll
stets bereit sein zu hören, aber sich
Zeit lassen, bevor er redet, und noch
mehr, bevor er zornig wird.
      Denn im Zorn tut keiner, was vor Gott
      recht ist.
Betrügt euch nicht selbst, indem ihr
euch dieses Wort nur anhört. Ihr müßt
es in die Tat umsetzen!
      Wer die Botschaft Gottes nur hört,
      aber nicht danach handelt, ist wie ein
      Mensch, der in einen Spiegel blickt:
Er sieht sich, wie er ist, und betrachtet
sich kurz. Aber dann geht er weg und
vergißt sofort, wie er aussieht.

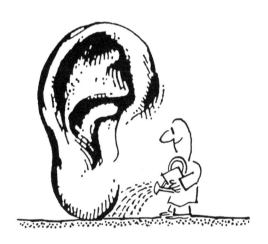

JAKOBUS 2,1–5

Arm und reich

Meine Brüder! Ihr setzt euer Vertrauen auf Jesus Christus, unseren Herrn, der Gottes Herrlichkeit teilt. Damit verträgt es sich nicht, daß ihr Unterschiede macht unter denen, die alle in gleicher Weise dieses Vertrauen haben.

Da seid ihr zum Gottesdienst versammelt, und es kommt ein reicher Mann mit goldenen Ringen und in vornehmer Kleidung herein und ebenso ein armer Mann in Lumpen.

Ihr aber sagt zu dem gutgekleideten Mann respektvoll: Bitte, hier ist noch ein bequemer Platz! Und zu dem Armen sagt ihr: Du kannst dort hinten stehen, oder auch: Setz dich hier neben meinen Stuhl auf den Boden!

Wenn ihr solche Unterschiede macht, urteilt ihr nach verkehrten Maßstäben.

Hört gut zu, liebe Brüder! Gott hat doch gerade die erwählt, die in den Augen dieser Welt arm sind, um sie aufgrund ihres Glaubens reich zu machen. Sie sollen in Gottes neue Welt kommen, die er denen versprochen hat, die ihn lieben.

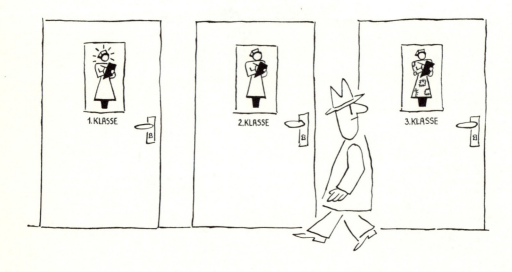

Wer das ganze Gesetz hält und nur
gegen ein einziges Gebot verstößt,
der hat sich gegen alle verfehlt.

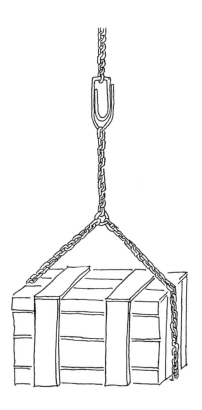

Meine Brüder, nicht zu viele von euch sollten Lehrer der Gemeinde werden wollen. Ihr wißt ja, daß wir Lehrer vor Gottes Gericht nach einem strengeren Maßstab beurteilt werden als die anderen.

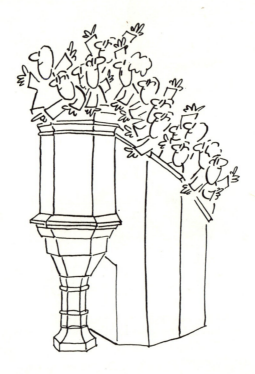

JAKOBUS 4,17

Wer das Gute tun kann und es nicht tut, der sündigt.

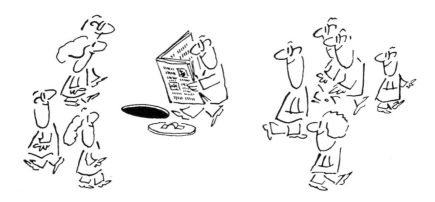

Christus hat für euch gelitten und euch ein Beispiel gegeben. Bleibt auf dem Weg, den er euch voranging; folgt seinen Spuren!

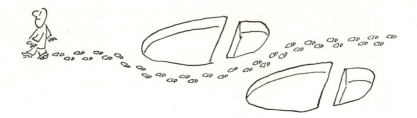

Putzt euch nicht äußerlich heraus mit
aufwendigen Frisuren, kostbarem
Schmuck oder prächtigen Kleidern.
 Eure Schönheit soll von innen kommen: Freundlichkeit und Herzensgüte
 sind der unvergängliche Schmuck,
 der in Gottes Augen Wert hat.

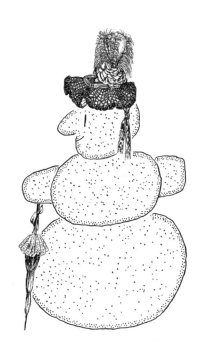

Durch dieses Erlebnis wissen wir noch sicherer, daß die Voraussagen der Propheten zuverlässig sind, und ihr tut gut daran, auf sie zu achten. Ihre Botschaft ist für euch wie eine Lampe, die in der Dunkelheit brennt, bis der Tag anbricht und das Licht des Morgensterns eure Herzen hell macht.

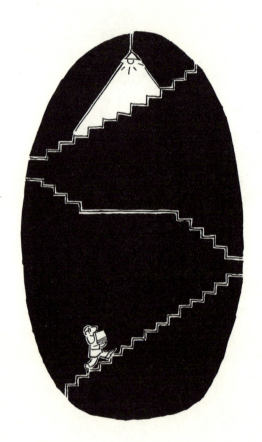

2. PETRUS 1,20–21

Denkt daran: Keine Voraussage in den
heiligen Schriften läßt sich mit dem
eigenen Verstand deuten;
> denn die Botschaft der Propheten
> ist nicht von Menschen gemacht.
> Die Propheten sind vom Geist Gottes
> ergriffen worden und haben gesagt,
> was Gott ihnen eingab.

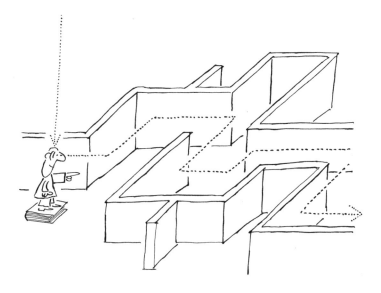

2. PETRUS 2,1-3

Falsche Lehrer

Genauso wie im Volk Israel falsche Propheten aufgetreten sind, werden auch unter euch falsche Lehrer auftreten, die gefährliche Irrlehren verkünden. Durch ihr Verhalten werden sie den Herrn verraten, der sie freigekauft hat. Dafür werden sie ganz plötzlich vernichtet werden.
Doch viele werden dem Beispiel ihres ausschweifenden Lebens folgen. Wegen dieser falschen Lehrer wird die wahre Lehre in Verruf geraten. In ihrer Habgier werden sie erfundene Geschichten vortragen, um daraus Gewinn zu ziehen. Aber ihre Bestrafung ist bei Gott schon seit langem beschlossene Sache; ihr Untergang wird nicht auf sich warten lassen.

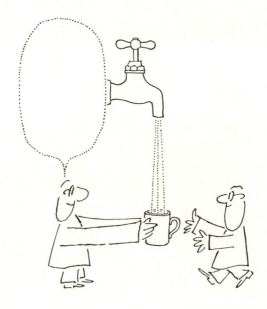

2. PETRUS 2,18-20

Gefangen

Sie reden hochtrabende, leere Worte und ziehen durch die Verlockungen eines ausschweifenden Lebens Menschen an sich, die eben erst mit knapper Not dem Leben im Irrtum entkommen sind.

> Sie versprechen anderen die Freiheit und sind doch selbst Sklaven der Vergänglichkeit. Denn jeder ist ein Sklave dessen, der ihn besiegt hat.

Sie haben unseren Herrn und Retter Jesus Christus kennengelernt und waren mit seiner Hilfe schon einmal aus der Verstrickung in den Schmutz der Welt freigekommen. Aber dann sind sie wieder von ihren alten Gewohnheiten eingefangen und besiegt worden. Darum sind sie am Schluß weit schlimmer dran als zuvor.

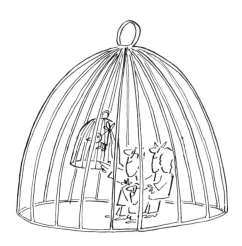

Wir erwarten, seiner Verheißung gemäß, einen neuen Himmel und eine neue Erde, in denen die Gerechtigkeit wohnt.

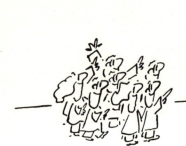

1. JOHANNES 3,18

Taten

Meine Kinder, unsere Liebe darf nicht aus leeren Worten bestehen. Es muß wirkliche Liebe sein, die sich in Taten zeigt.

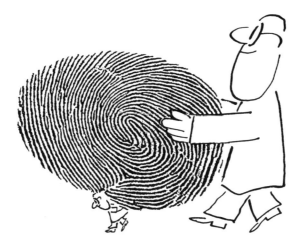

1. JOHANNES 4,7–12

Ursprung der Liebe

Liebe Freunde, wir wollen einander lieben, denn die Liebe kommt von Gott. Wer liebt, ist ein Kind Gottes und zeigt, daß er Gott kennt.

Wer nicht liebt, kennt Gott nicht, denn Gott ist Liebe.

Gottes Liebe zu uns hat sich darin gezeigt, daß er seinen einzigen Sohn in die Welt sandte. Durch ihn wollte er uns das neue Leben schenken.

Das Besondere an dieser Liebe ist: Nicht wir haben Gott geliebt, sondern er hat uns geliebt. Er hat seinen Sohn gesandt, der sich für uns opferte, um unsere Schuld von uns zu nehmen.

Liebe Freunde, wenn Gott uns so sehr geliebt hat, dann müssen auch wir einander lieben.

Niemand hat Gott je gesehen. Aber wenn wir einander lieben, lebt Gott in uns. Dann hat seine Liebe bei uns ihr Ziel erreicht.

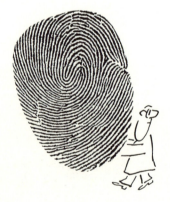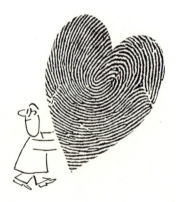

1. JOHANNES 5,21

Verhüllungen

Meine Kinder, laßt euch nicht mit falschen Göttern ein!

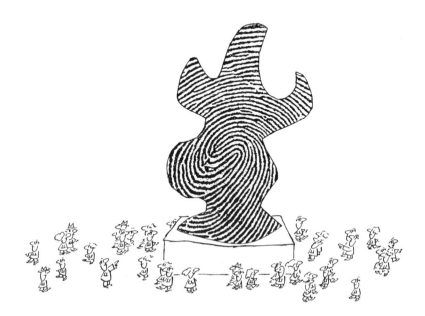

Animation

Die Liebe, von der ich rede, zeigt sich darin, daß wir uns in unserem Leben nach dem Willen Gottes richten. Ihr habt von Anfang an gehört, wie sein Gebot lautet: <u>Die Liebe muß euer ganzes Leben bestimmen.</u>

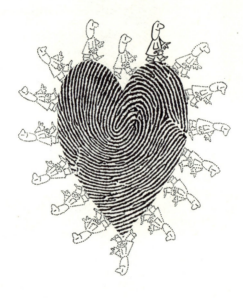

Lieber Freund, nimm dir nicht das Schlechte zum Vorbild, sondern das Gute! Wer Gutes tut, gehört zu Gott. Wer Schlechtes tut, kennt Gott nicht.

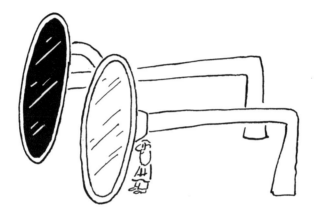

JUDAS 17-21

Triebmenschen

Ihr sollt euch daran erinnern, was euch die Apostel unseres Herrn Jesus Christus im voraus gesagt haben!
Sie haben euch immer wieder eingeschärft: Bevor es mit der Welt zu Ende geht, werden Menschen auftreten, denen nichts heilig ist und die nur ihren eigenen bösen Trieben folgen.
Diese Leute sind es, die Spaltungen hervorrufen. Sie sind »Triebmenschen«, die keinen Funken von Gottes Geist haben!
Ihr aber, Freunde, müßt an dem hochheiligen Glauben festhalten, den ihr angenommen habt, und euch fest darauf gründen. Betet in der Kraft des heiligen Geistes!
Verscherzt nicht die Liebe Gottes und wartet geduldig darauf, daß Jesus Christus, unser Herr, euch in seinem Erbarmen das ewige Leben schenkt.

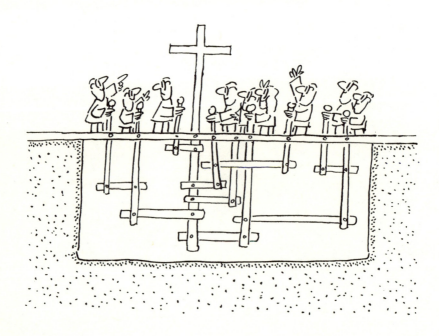

OFFENBARUNG 1,10–13.17–19

Beauftragt zu sehen

Am Tag des Herrn nahm der Geist Gottes von mir Besitz. Ich hörte hinter mir eine laute Stimme, die wie eine Trompete klang.

> Sie sagte: Schreib das, was du siehst, in ein Buch, und schicke es an die sieben Gemeinden in Ephesus, Smyrna, Pergamon, Thyatira, Sardes, Philadelphia und Laodizea.

Ich wandte mich um und wollte sehen, wer zu mir sprach. Da erblickte ich sieben goldene Leuchter.

> In ihrer Mitte stand jemand, der wie ein Mensch aussah. Er trug ein langes Gewand und hatte ein breites goldenes Band um die Brust.

Als ich ihn sah, fiel ich wie tot vor seinen Füßen zu Boden. Er legte seine rechte Hand auf mich und sagte: Hab keine Angst! Ich bin der Erste und der Letzte.

> Ich bin der Lebendige! Ich war tot, doch nun lebe ich in alle Ewigkeit. Ich habe Macht über den Tod und die Totenwelt.

Schreib auf, was du siehst – zuerst das, was die Gegenwart betrifft, und dann, was später geschehen wird.

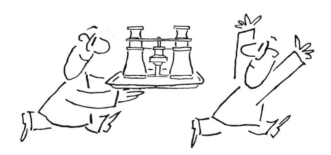

OFFENBARUNG 1,7; 2,7

Die Botschaft hören

Gebt acht: er kommt mit den Wolken! <u>Alle werden ihn sehen,</u> auch die, die ihn durchbohrt haben. Alle Völker der Erde werden seinetwegen jammern und klagen, das ist ganz gewiß!
<u>Wer hören kann, der achte auf das, was der Geist den Gemeinden sagt!</u>
Wer den Sieg erlangt, dem gebe ich das Recht, vom Baum des Lebens zu essen, der im Garten Gottes wächst.

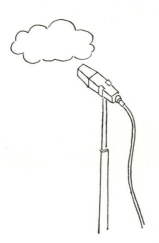

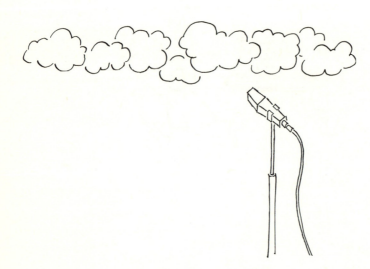

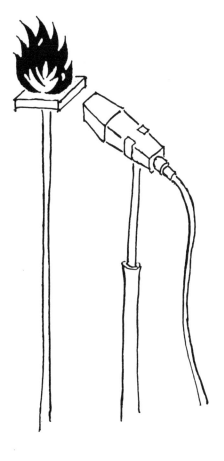

OFFENBARUNG 3,1–2

Aus dem Winterschlaf erwachen

Schreibe an den Engel der Gemeinde in Sardes: Diese Botschaft kommt von dem, dem die sieben Geister Gottes dienen und der die sieben Sterne in der Hand hält. Ich kenne euer Tun. <u>Ich weiß, daß man euch für eine lebendige Gemeinde hält; aber in Wirklichkeit seid ihr tot.</u>

Werdet wach und stärkt das, was noch Leben hat, bevor es abstirbt. Ich habe euch geprüft und gefunden, daß euer Tun vor den Augen meines Gottes nicht bestehen kann.

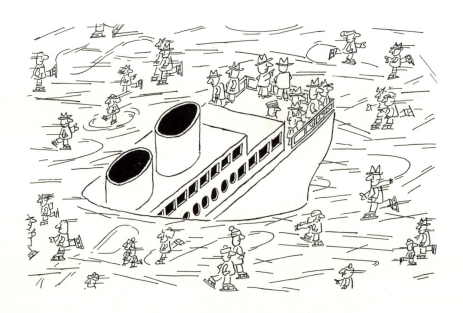

OFFENBARUNG 3,3

Tag und Nacht

Denkt an die Gute Nachricht, die ihr gehört habt! Erinnert euch, wie eifrig ihr sie aufgenommen habt! Bleibt ihr treu und lebt wieder wie damals! Wenn ihr nicht wach seid, werde ich euch wie ein Dieb überraschen; ihr werdet nicht wissen, in welcher Stunde ich komme.

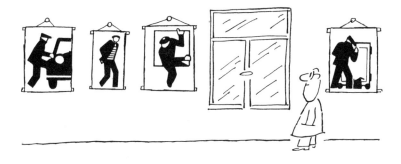

OFFENBARUNG 13,5–8

Die Macht des Bösen

Das Tier durfte unerhörte Reden halten, mit denen es Gott beschimpfte, und es konnte zweiundvierzig Monate lang seinen Einfluß ausüben. Es machte Gott und seinen Namen verächtlich, ebenso sein Heiligtum und alle, die im Himmel wohnen. Gott ließ zu, daß es mit seinem Volk Krieg führte und es besiegte. Alle Völker und Nationen, Menschen aller Sprachen mußten dem Befehl des Tieres gehorchen. Alle Menschen auf der Erde werden es anbeten, alle, deren Namen nicht seit Beginn der Welt im Lebensbuch des geopferten Lammes stehen.

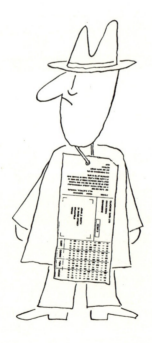

Götzenbilder

Dem ersten Engel folgte ein zweiter und sagte: Gefallen! Das mächtige Babylon ist gefallen, das alle Völker gezwungen hatte, den schweren Wein seiner Unzucht zu trinken!
Den zwei ersten Engeln folgte ein dritter. Er rief mit lauter Stimme: <u>Wer das Tier und das Standbild verehrt und dessen Zeichen auf seiner Stirn oder seiner Hand anbringen läßt</u>, der wird den Wein Gottes trinken müssen. Es ist der Wein seiner Entrüstung, den er unverdünnt in den Becher seines Zornes gegossen hat. Wer das Tier verehrt, wird vor den Augen des Lammes und der heiligen Engel mit Feuer und Schwefel gequält.
Der Rauch von diesem quälenden Feuer steigt für alle Zeiten zum Himmel. Wer das Tier und sein Standbild verehrt und das Kennzeichen seines Namens trägt, der wird Tag und Nacht keine Ruhe finden.
Das Volk Gottes, das Gott gehorcht und treu zu Jesus hält, braucht hier Standhaftigkeit!

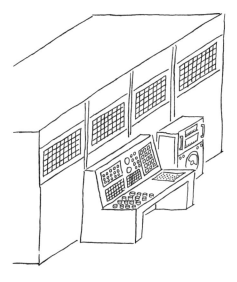
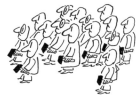

OFFENBARUNG 18,9-11

Gericht

Wenn die Könige der Erde, die sich mit ihr eingelassen haben und sich von ihrer Begierde anstecken ließen, den Rauch der brennenden Stadt sehen, werden sie ihretwegen jammern und klagen.
Sie werden sich in weiter Entfernung halten, weil sie Angst vor den Qualen der Stadt haben. Sie werden klagen: Wie schrecklich! Wie furchtbar! Das große und mächtige Babylon! Innerhalb einer Stunde ist das Gericht über dich hereingebrochen!
Auch die Kaufleute auf der Erde werden um sie weinen und trauern; denn keiner kauft mehr ihre Waren.

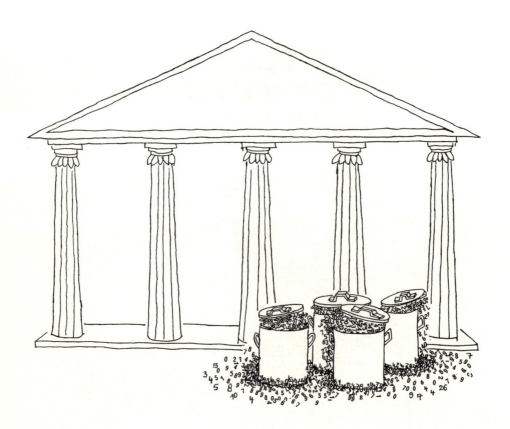

OFFENBARUNG 21,1.5

Neuer Himmel
und neue Erde

Dann sah ich einen neuen Himmel und eine neue Erde. Der erste Himmel und die erste Erde waren verschwunden, und das Meer war nicht mehr da. Dann sagte der, der auf dem Thron saß: Jetzt mache ich alles neu! Zu mir sagte er: Schreib diese Worte auf, denn sie sind wahr und zuverlässig.

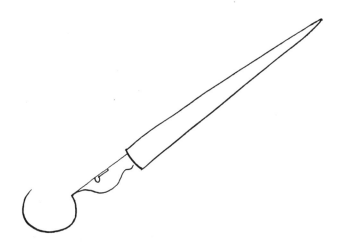

OFFENBARUNG 22,18–21

Warnung

Ich, Johannes, warne jeden, der die prophetischen Worte aus diesem Buch hört: Wer diesen Worten etwas hinzufügt, dem wird Gott die Qualen zufügen, die in diesem Buch beschrieben sind.
Wenn aber einer von diesen Worten etwas wegnimmt, wird Gott ihm seinen Anteil an der Frucht vom Baum des Lebens und an der Heiligen Stadt wegnehmen, die in diesem Buch beschrieben sind.
Der aber, der dies alles bezeugt, sagt: Ganz gewiß, ich bin schon auf dem Weg! Ja, Herr Jesus, komm!
Jesus, unser Herr, schenke allen seine Gnade!

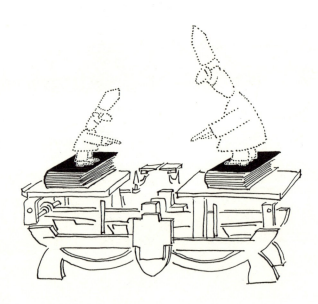

BILDNACHWEIS

1962: 108
1963: 70, 115, 203
1964: 94, 300
1966: 293
1967: 29, 221, 232, 245, 268, 298
1968: 163, 179
1969: 131, 134, 320
1970: 137, 215, 234, 255
1971: 36
1972: 111, 184, 240, 275
1973: 169, 183, 231, 346
1974: 289
1976: 27, 233, 241, 284
1977: 30, 196, 285, 287, 323
1978: 38, 201, 252, 321, 322, 342, 344
1979: 35, 54, 114, 345
1980: 17, 22, 41, 48, 243, 314, 327
1981: 19, 73, 116, 117, 164, 205
1982: 303, 318
1983: 15, 16, 112, 138, 186, 216, 227, 239
1984: 31, 47, 83, 84, 127, 139, 141, 143, 144, 150, 154, 219, 226, 256, 260, 269, 270, 271, 331, 338
1985: 26, 28, 37, 55, 69, 75, 85, 107, 109, 136, 155, 157, 170, 199, 200, 213, 225, 262, 265, 266, 272, 277, 280, 282, 286, 290, 291, 297, 302, 317, 319
1986: 23, 77, 110, 162, 242, 244, 295, 299, 301
1987: 20, 78, 122, 123, 207, 211, 267, 325
1988: 21, 33, 40, 49, 58, 63, 87, 91, 93, 100, 102, 103(1), 105, 119, 120, 126, 132, 171, 176, 180, 185, 206, 212, 214, 220, 224, 247, 264, 273, 306, 307, 313, 326, 328, 330, 337, 339, 341
1989: 8, 11, 12, 13, 14, 18, 24, 25, 34, 39, 42, 43, 44, 45, 50, 51, 52, 53, 56, 57, 59, 61, 65, 66, 67, 68, 71, 72, 74, 76, 79, 80, 82, 86, 88, 89, 92, 95, 96, 97, 98, 99, 101, 103(2), 106, 113, 118, 121, 124, 125, 128, 129, 130, 133, 135, 140, 142, 145, 146, 147, 148, 149, 151, 152, 153, 156, 158, 159, 161, 165, 166, 167, 168, 173, 174, 175, 177, 178, 181, 182, 187, 189, 190, 191, 195, 197, 198, 202, 204, 209, 210, 211, 217, 218, 223, 228, 229, 230, 235, 236, 237, 238, 246, 248, 249, 250, 251, 253, 257, 258, 259, 261, 263, 267, 274, 276, 278, 279, 281, 283, 288, 292, 294, 296, 304, 305, 308, 309, 310, 311, 312, 315, 316, 324, 329, 332, 333, 334, 335, 336, 340, 343, 347, 348

CIP-Titelaufnahme der Deutschen Bibliothek

Steiger, Ivan:

Ivan Steiger sieht die Bibel / [Ivan Steiger]. – Stuttgart: Deutsche Bibelgesellschaft;
Stuttgart: Verlag Katholisches Bibelwerk, 1989
    ISBN 3-438-04488-9 (Dt. Bibelges.) Gewebe
    ISBN 3-460-32831-2 (Verl. Kath. Bibelwerk) Gewebe
    ISBN 3-438-04486-2 (Dt. Bibelges., Ausg. auf Büttenpapier) Gewebe
    ISBN 3-460-32833-9 (Verl. Kath. Bibelwerk, Ausg. auf Büttenpapier) Gewebe
    ISBN 3-438-04489-7 (Dt. Bibelges., Vorzugsausg.) Gewebe
    ISBN 3-460-32832-0 (Verl. Kath. Bibelwerk, Vorzugsausg.) Gewebe
NE: HST

© 1989 Verlag Katholisches Bibelwerk GmbH, Stuttgart
Deutsche Bibelgesellschaft, Stuttgart

© 1962–1989 Ivan Steiger, 8000 München 40, Elisabethstraße 5,
für die einzelnen Zeichnungen, für Auszüge aller Art,
Nachdrucke, Kopien etc.

Die Bibel in heutigem Deutsch
© 1982 Deutsche Bibelgesellschaft, Stuttgart

Einheitsübersetzung der Heiligen Schrift
© 1980 Katholische Bibelanstalt GmbH, Stuttgart

Lutherbibel
© 1984 Deutsche Bibelgesellschaft, Stuttgart

Alle Rechte vorbehalten

Graphische Gestaltung: Atelier Prof. Ade
Satz: TypoSatz Bauer, Fellbach
Druck: Rath Offsetdruck, Stuttgart
Einband: Sigloch Buchbinderei, Künzelsau

Printed in Germany